心理學叢書 55

成人心理學
Adult Psychology

郭靜晃 著

作者序

　　發展心理學於1882年成為一門以科學方法求證的、有系統的學科理論迄今已有了一百多年的歷史。發展心理學的研究主題是個體行為發展的過程，尤其是個體隨著年齡改變而產生的變化，成人心理學是80年代的產物，而發展心理學家主要是探討成人發展變化的因素、過程及發展的時間表。

　　本書共分十個章節，以Erik Erikson的心理社會理論為架構，探討個體生理、智力、社會及情緒各領域的發展，並強調人類實為個體基因、社會及文化等因素的產物。

　　本書共有三大特色：

1. 延伸了Erikson的危機理論，除簡略介紹人生全程發展概念外，尚將成人發展周期分為「成年早期」、「成年中期」、「成年晚期」與「老年期」，分別探討個體在各發展階段期間，融合身體、自我及社會系統因素所衍生的發展任務與危機。
2. 針對發展心理學的研究過程與方法做概述性的說明，並以專章評估心理社會理論。此外，尚引述了研究人類發展的相關理論，如演化論、文化差異論、性心理論、認知論、學習論、社會角色論及系統論等，以分析人類成長與變化的相關論點。
3. 書中所列的「專欄」，特別指出不同發展階段中的重要問題，以提醒讀者正視此類現象，並預做調適。

　　綜觀本書的特色，實兼具學術性與實用性，讀者可由書中各發展階段的深入探討中，一覽成人發展的連續性與獨特性，不僅可對個人發展現況多一分瞭解與體認，更可藉此回顧過去，驗證個人早期發展並前瞻未來

的發展方向，進而對自己一生的發展做整體性的規劃。

　　近年來，各個社會皆要面臨1950年代的嬰兒潮所形成的高齡化社會現象，臺灣當然也不例外。由於發展心理學偏重個體行為發展的探討，且本書以社會因素的認知來闡述個體之發展，因此建議學子們先熟悉有關社會學及普通心理學的書籍，相信在閱讀此書時必能得心應手，並對此學科有更精確的瞭解。

　　本書因揚智文化公司葉忠賢先生的支持與鼓勵，得以順利出版，在此特申謝意。期望本書的出版，能對修習此科目的學子們有所助益，唯筆者才疏學淺，恐有疏誤之處，尚祈諸學者先進不吝指正。

郭靜晃　謹誌

2013年7月于臺北

目　錄

作者序　i

Chapter 1　人生全程發展　1

第一節　何謂人生全程發展　2

第二節　人生全程發展之理論　12

第三節　人生全程發展之生命期待　34

第四節　結語　38

參考書目　39

Chapter 2　成人發展之科學研究方法　43

第一節　從人類發展解釋人類行為　44

第二節　人類發展之科學研究方法　49

第三節　結語　59

參考書目　60

Chapter 3　成年期　63

第一節　成年期的發展任務　67

第二節　成年期的心理危機　84

第三節　結語　92

參考書目　93

Chapter 4　成年期之社會化　99

第一節　婚姻　100

第二節　工作　106

第三節　有小孩　108

第四節　結語　110

參考書目　111

Chapter 5　中年期　113

第一節　中年期的發展任務　116

第二節　中年期的發展危機　125

第三節　結語　127

參考書目　129

Chapter 6　中年期之社會化　131

第一節　家庭管理　132

第二節　職業生涯管理　136

第三節　中年失業　139

第四節　結語　144

參考書目　146

Chapter 7 老年期　149

第一節　老年期的發展任務　152

第二節　老年期的發展危機　167

第三節　結語　168

參考書目　170

Chapter 8 老年期之社會化　173

第一節　家庭　175

第二節　生活　177

第三節　退休　180

第四節　老人居住之安排　188

第五節　結語　191

參考書目　192

Chapter 9 成年人之心理衛生與處遇　195

第一節　成年期之心理行為問題與處遇　196

第二節　老年期之心理問題與處遇　201

第三節　結語　203

參考書目　204

Chapter 10　影響成年行為之心理社會環境因素　205

第一節　社會變遷　206

第二節　影響成年行為之心理社會因素　209

第三節　結語　212

參考書目　214

Chapter 1

人生全程發展

■ 何謂人生全程發展

■ 人生全程發展之理論

■ 人生全程發展之生命期待

■ 結語

　　人生全程發展主要在研究人類從受精卵形成到死亡的整個生命歷程（life course）中，心理與行為的發生與改變。因對象的不同，又可分為兒童階段、青少年階段、成人階段及老年階段。人生全程發展最初的研究對象僅侷限於學齡兒童，之後才往前推移至幼兒，及再擴展至新生兒及胎兒；第二次世大戰之後，才開始研究青少年及擴大到成人。

　　近年來對於整體的成人發展提供一全方位視角（holistic perspective）的探討，是探討個體心理研究的三個源頭，即生物性、心理性及社會性，也就是以生物－心理－社會（bio-psycho-social model）的互動模式，提供個體心理與行為之成因探討，有別於過去強調遺傳vs.環境之爭議。本章主要描述人生全程發展之要題及理論，共分為三節：何謂人生全程發展、人生全程發展之理論及人生全程發展之生命期待。

第一節　何謂人生全程發展

　　人生全程發展（life-span development）主要在研究個體行為因時間推移而產生成長變化的歷程，更是對人類行為的詮釋。在探索千變萬化的人類行為之前，應去瞭解「發展」這個名詞。**發展**的基本概念是行為改變（behavior change），不過並非所有的行為改變都具有發展性；諸如中樂透或車禍，對人類而言，這是一種意外事件，更是一種因周遭環境改變而影響過去的固定生活模式（life pattern）。

　　每個人均帶著個人獨特的遺傳結構來到這個世界，並隨之在特定的社會文化與歷史背景展露（upholding）個人特質，而形成個體的敘事（narrative）及生活風格（life style）。就如同著名的哲學家Loren Eiseley所主張：「人類行為是在於歷史的特定時間內與他人傳說之互動中逐漸模塑成形的。它受個體之生理、心理及所受環境之社會結構和文化力之相互

作用，逐漸形成其人生歷程。」從社會學的觀點來看，人生歷程是穿越時間而進展（Clausen, 1986），也就是說，隨著時間的推移而產生個體行為的改變。因此，個體除了生物性的成長改變，也必須隨著社會變遷而改變，以迎合更穩定的社會結構、規範和角色。生命只有兩種選擇，改變或保持現狀。誠如二千五百年前的希臘哲人Heraclitus所言：「世界無永恆之物，除了改變。」

從心理社會的觀點（psychosocial perspective）來看，人生歷程指的是工作以及家庭生活階段順序排列的概念。這個概念可用於個體生活史的內容，因為個人生活史體現於社會和歷史的時間概念之中（Atchley, 1975; Elder, 1975）。每個人的生活過程皆可喻為是一種人生的適應模式，是每個人對於在特定時間階段所體驗到的文化期望，所衍生的人生發展任務、資源，及所遭受障礙的一種適應。

一、人生歷程與發展的意涵

Atchley（1975）提出一種在職業和家庭生活歷程中，與年齡聯繫在一起所產生變化的觀點（參見圖1-1）。在圖1-1，我們看到生命歷程中，工作與家庭生活之間可能的結合形式。如兒童最主要受其原生家庭所影響，主要的工作任務是上學，達成社會規範及期待，為日後成人工作生涯做準備，同時深受家中成員及環境與角色期待所影響。

生命過程模式受歷史時代的影響。生活於1900至1975年的人，其生命過程可能就不同於生活於1925至2000年的人。人們可能在不同人生階段，面對不同的機遇、期望和挑戰而經歷同樣的歷史年代。職業機遇、教育條件和同族群人數的差異，是可能影響生活經歷模式的三個族群因素（Elder, 1981）。最近，日本學者將1955年之前出生者歸之為舊人類，在1955年之後出生者稱之為新人類；並將這些新人類在1965年之後

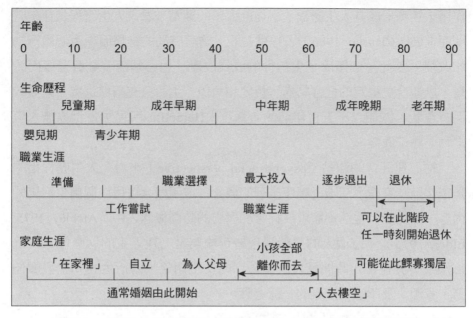

圖1-1　年齡、生命歷程、職業生涯和家庭生涯之間的關係

資料來源：修改自Atchley, R. C. (1975), p.264.

出生者稱之為X世代（X generation），1975年之後出生者為Y世代（Y generation），及1985年之後出生者謂之為Z世代（Z generation）；大陸也將1990年代出生以後，也就是臺灣俗稱的「八年級」的年輕世代，通稱為「90後」（泛指1990年以後至2000年之間出生者）。

　　這些世代歷經了社會變遷、教育模式及不同境遇，也衍生了不同價值觀，甚至形成了特定的次文化（subculture），如90後這個世代的新新人類，被認為具有想法多元、有個性、喜歡嘗鮮，且敢於消費的特性。換言之，處於不同世代的父母，因受社會變動因素影響，而有不同的機遇及別人對其角色的期望，而產生此世代的個別經驗及知覺。應用於父母發展態度上，此世代之父母對於養育子女的觀念及需求也會異於不同世代的父母，加上父母因需求的滿足，或個人境遇的變化，如離婚或嫁娶外籍配

偶，而產生對子女管教與保育之差異，進而對子女發展產生不同影響。

全人發展的起點是從個體受孕開始，一直到終老死亡為止。發展改變（change）的過程是有順序的、前後連貫的、漸進的及緩慢的，其內容包含生理和心理的改變，此種改變與遺傳、環境、學習和成熟相關。人類行為是由內在與外在因素之總和塑造而成，藉著社會規範所給予個人的方向與指引，因此有些人類行為是可預期且規律的。例如在吾人社會中，依時間前後排序的年齡，時常會隨著地位和角色轉換而產生改變，文化上也相對地規範在「適當的」時間中展開上托兒所、學才藝、上學、約會、開車、允許喝酒、結婚、工作或退休。當在這些特殊生活事件中存在相當的變異性時，個人將「社會時鐘」（social clock）內化，並依照生命歷程的進行來測量他們的發展進程，例如某些父母（像是二歲的小孩尚未開始說話，或是接近三十歲的已成年子女並未表現出職業發展方向，或近三十五歲結婚女性尚未生育子女等行為）會開始擔心他們的子女是否有問題，現代年輕人選擇不婚、不生、不養子女的態度，是與「在某段時間之內」有關，會因此受內在情緒強度所掌握，也就是說此種社會規範的影響與特定生活事件所發生的時間有關。

社會規範界定社會規則，而社會規則界定個體之社會角色。若社會角色遭受破壞，那他可能會產生社會排斥。例如過去的傳統社會規範「女子無才便是德」，女性被期待在她們青少年晚期或二十歲初結婚，再來相夫教子並操持家務。至於選擇婚姻及家庭之外的事業，則常被視為「女強人」，而社會所賦予的女強人一詞往往帶著負面的眼光；或如現代之父母育兒觀：「望子成龍，望女成鳳」，孩子在小時候被期望學習各種智能及才藝，甚至要成為超級兒童（super kids）。

人生全程發展常令人著迷，有著個別之謎樣色彩，相對地，也是乏人問津的領域。想去理解它，我們就必須弄清楚在發展的各個階段上，人們是如何將他們的觀念與經歷統合，以期讓他們的生命具有意義，而這個

生命歷程就如同每個人皆有其生活敘事（narrative），各有各的特色。

由人類發展的含義來看，它包括下列四個重要觀念：

1. 從受孕到老年，生命中每一時期的各個層面都在成長。
2. 在發展的連續變化時程上，個體的生活表現出連續性和變化性；要瞭解人類發展必須要瞭解何種因素導致連續性和變化性的過程。
3. 發展的範疇包含身心各方面的功能，例如身體、社會、情緒和認知能力的發展，以及它們相互的關係。因為個人是以整體方式來生存，所以我們要瞭解人類，就必須要瞭解個體的各個層面發展。
4. 人的任何一種行為必須在其相對的環境和人際關係的脈絡中予以分析，因為人的行為與其所處的脈絡情境有關；也就是說，人的行為是在社會脈絡情境中呈現（human behavior nested in the social environment），故一種特定的行為模式或改變的含義，必須根據它所發生的物理及社會環境加以解釋。

持平而論，個人的人生歷程是本身的資源、文化與次文化的期待，社會資源和社會暨個人歷史事件的綜合體，深受年齡階段、歷史階段和非規範事件所影響（參見**圖1-2**），茲分述如下：

(一)年齡階段的影響

人類行為受**年齡階段的影響**（age-graded influences），是指那些關於依照時間進程的年齡（例如出生、青春期），以及特定的年齡期待（例如學業、結婚生子、退休）。發展心理學中S. Freud的心理分析論、E. Erikson的心理社會論、J. Piaget的認知發展論，及L. Kohlberg的道德發展論，皆指明人類行為根植於生命歷程中各個年齡階段的行為改變（本章中會有詳細介紹）。

人類行為會因個體的成熟機能表現出不同的行為結構，加上這些事

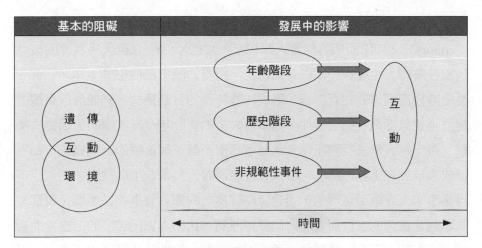

基本的阻礙	發展中的影響

遺　傳
互　動
環　境

年齡階段

歷史階段

非規範性事件

互
動

時間

圖1-2　人生歷程的影響因子

資料來源：陳怡潔譯（1998）。

件上許多文化期待的規範性和預期性的型態，而產生預期社會化的行為
（Hagestad & Neugarten, 1985）。預期的社會化過程規範個人在文化中所
假定的扮演角色行為。例如在某些文化，要求青少年獨立自主，並會安排
家務或其他雜務給子女，並視此種獨立及幫忙家務是為日後職業生涯之價
值及工作取向做準備；此外，成人後期尚必須為六十五歲要從工作職場退
休做準備。

　　年齡階段的影響是由文化性與歷史性所定義，例如在20世紀初期，
童工在貧窮與中等階級的家庭中是必要的人力資源；而後在20世紀初期大
部分的地區或國家通過了童工法和補習教育，兒童發展轉而被期望接受教
育並為日後提升經濟生活做準備，連帶著使成年期也被動地延後。

(二)歷史階段的影響

　　歷史階段的影響（history-graded influences）意指由歷史事件帶來
的各項社會變遷，例如人口統計學上的更動、能力技巧的改變和就業率

等；而出生年代和分享歷史背景經驗的不同人口群，則稱為「族群」（cohort）。如前面所述的舊人類和新人類的X、Y、Z世代。族群的概念是用在解釋人生歷程中不同時間點上，所受的歷史階段影響；亦即它會受歷史階段或同儕的相互影響，形成一種特殊的行為模式。例如最近臺灣的經濟不景氣即是一歷史事件，此事對失業的青壯年及其家庭的生活造成衝擊。幾十萬人無法找到工作且承受著經濟不景氣與通貨膨脹的痛苦。結果造成族群們在工作、節約、環保和經濟消費行為信念上的改變，如工作不再是事求人、唾手可得的，連帶使得經濟上的節約變得相當重要。對那些原本就是窮苦的人們而言，他們會經歷到「比原本更困苦」的沮喪；而對那些富有的人而言，這只是一段困苦的時間，並非原本就必須要承受的災難，或許暫時咬緊牙關，忍耐一陣就會否極泰來。

(三)非規範性的影響

非規範性的影響（non-normative influences）係指行為上各種無法預測及始料未及的事件，例如天災（火災、地震、風災、水災、SARS）、失業、突然喪偶或罹患疾病。這些事件與歷史上的推移關聯甚少，而且時常比預期中的生命事件具有更大的壓力及影響。

二、人類發展的意義、類型與原則

(一)發展的意義

發展（development）的意義牽連甚廣，要如何界定，端視學者以何種角度切入。Gesell（1952）認為，發展是一種有順序的、以前後連貫方式做漸進的改變；Hurlock（1968）認為，發展是一個過程，在這個過程中，內在的生理狀況發生改變，心理狀況也受到刺激而產生共鳴，使個體能夠應付未來新環境的刺激；Anderson（1960）亦強調，發展不僅是個體

大小或比例的改變，也不只是身高的增加，或能力的增強，發展是統合個體許多構造與功能的複雜過程；朱智賢（1989）認為，發展係指一種持續的系列變化，尤指有機體在整個生命期的持續變化，這種變化既可說是由於遺傳因素，也可侷限於出生到青春期這段時間；張春興（1991）將發展分為廣義與狹義：就**廣義而言**，係指出生到死亡的這段期間，在個體遺傳的限度內，其身心狀況因年齡與習得經驗的增加所產生的順序性改變的歷程；就**狹義而言**，其定義範圍則縮短至由出生到青年期（或到成年期）的一段時間。在以上兩界說中，雖然均以「自出生」作為研究個體發展的開始，而事實上目前多從個體生命開始（受孕）研究發展。黃志成（1999）在其所著《幼兒保育概論》一書中，將發展的意義界定如下：係指個體自有生命開始，其生理上（如身高、體重、大腦、身體內部器官等）與心理上（如語言、行為、人格、情緒等）的改變，其改變的過程是連續的、緩慢的，其改變的方向係由簡單到複雜、由分化到統整，而其改變的條件，乃受成熟與學習，以及兩者交互作用之影響。

綜觀上述各家之言，發展的意義可歸納出下列幾點：

1. 發展的起點應為個體受孕開始；而其終點就廣義而言，應到死亡為止；就狹義而言，則約到青年期為止。
2. 發展為個體的改變，其改變的過程是有順序的、前後連貫的、漸進的、持續的。
3. 發展的內容應包含生理和心理的改變。
4. 發展的改變與遺傳、環境、學習、成熟有關。
5. 發展不單是量的變化，也是質的變化。
6. 發展的方向是由簡單到複雜，由分化到統整。

(二)發展改變的類型

兒童發展上的改變，包括生理的、心理的兩大類，其改變的內容，

Hurlock（1978）曾提出在發展上變化的類型（type of change）如下：

1. 大小的改變：在兒童期，無論是身高、體重、頭圍、胸圍，以至於內部器官，都一直不斷的在增長中，以體重為例，剛出生的嬰兒約3.2公斤，至四個月大時，再成長1倍，至週歲時，其體重再增1倍，約近10公斤。

2. 比例的改變：兒童不是成人的縮影，在心理上不是如此，於生理上亦同。以頭部和身長的比例而言，在胚胎期，頭與身長的比例約為1：2，出生時約為1：4，而長大成人後約1：7（或1：8）。

3. 舊特徵的消失：在兒童期的發展過程中，有些身心特徵會逐漸消失。在生理上，如出生前胎毛的掉落；在嬰兒期，許多反射動作自然消失；在幼兒後期，乳齒的脫落等皆是。在心理上，如自我中心語言逐漸減少，轉向較多的社會化語言；對父母的依賴慢慢減少，轉向同儕。

4. 新特徵的獲得：兒童身心之若干新的特徵，是經由成熟、學習和經驗獲得的。在生理上，如六歲左右，恆齒的長出；在兒童後期，青春期的到來，男女兩性在主性徵及次性徵的變化。在心理上，例如語言的使用、詞類愈來愈多、認知層次愈高、興趣愈廣泛等皆屬之。

(三)發展的一般原則

兒童發展，雖有個別差異，但大致仍遵循一些普遍的原則，有助於吾人對兒童的瞭解，說明如下：

1. 早期發展比晚期重要：人類的發展，以愈早期愈重要，若在早期發展得好，則對日後有好的影響，反之則不然。例如在胚胎期可能因一點點藥物的傷害，而造成終身的殘障；Erikson（1963）也認為在

嬰兒期如果沒有得到好的照顧，以後可能發展出對人的不信任感；精神分析學派的心理學者Sigmund Freud，理論重點也主張人類行為均受到早期經驗的影響，可見早期發展的重要性。

2. 發展依賴成熟與學習：兒童發展依賴成熟，成熟為學習的起點，生理心理學派即持此一觀點，例如六、七個月的嬰兒，吾人無法教他學習走路，因為還未成熟到學習走路的準備狀態（readiness），但到了十一、十二個月時，因為生理上的成熟，嬰兒即有學習走路的動機，因此嬰兒會走路的行為，端賴成熟與學習。

3. 發展有其關鍵期：所謂**關鍵期**（critical period）係指兒童在發展過程中，有一個特殊時期，其成熟程度最適宜學習某種行為；若在此時期未給予適當的教育或刺激，則將錯過學習的機會，過了此時期，對日後的學習效果將大為減少。例如語言的學習，其關鍵期應在幼兒期，學習速度較快，效果也好，過了此時期再學習的效果較差，許多人到了青少年期，甚至成年期開始學習第二種語言或外語，常發現發音不正確的現象即是一例。一般所謂學習的關鍵期是針對較低等層次的動物行為，例如鴨子看移動物體而跟著它，至於人類，則對本能成熟之發音及爬行較能解釋，對於學習高等層次之思考行為則較無法用學習的關鍵期來做解釋。

4. 發展模式是相似的：兒童發展的模式是相似的，例如嬰幼兒的動作發展順序為翻滾、爬、站、走、跑，次序不會顛倒。也因為如此，吾人在教養兒童時，掌握了發展的預測性，依循關鍵期的概念，更能得心應手。

5. 發展有顯著的定性變化：有些學者認為人的發展是一個階段接著一個階段發展，當一個兒童由一個階段邁向一個更高的階段時，即會有定性的質變（qualitative change）。例如當兒童的認知發展由一個階段邁向一個更高的階段，表示他們的思維方式有顯著的定性變

化（馬慶強，1996）。

6.發展有個別差異：兒童發展雖有其相似的模式，但因承受了不同的遺傳基因，以及後天不同的家庭環境、托育環境、學校環境、社區環境等因素，故在發展上無論是生理特質、心理特質，仍會有個別差異。此種差異並未違反「發展模式相似性」的原則，在此所謂的差異是指發展有起始時間的不同，也因環境的不同而造成個體的差異。

7.發展速率有所不同：兒童發展並非循固定的發展速率，身心特質的進程，在某些時候較快，在某些時候則較慢。例如在幼兒期，淋巴系統、神經系統快速成長，而生殖系統則進程緩慢，直到進入青春期時，才開始快速發展。

8.發展具有相關性：兒童身心發展，相輔相成，具有相關性。生理發展良好，可能帶動好的心理、社會發展。反之，有些生理障礙的兒童，如視覺障礙、聽覺障礙、肢體障礙、身體病弱的兒童，其心理、社會發展常受到某些程度的影響。

第二節　人生全程發展之理論

當我們檢驗人類發展時，重要的是能夠從發展模式的一般性看法轉入對特殊變化過程的解釋。心理社會理論為我們探究人類發展提供了概念保護傘，但是我們也需要其他理論在不同的分析層次上來解釋行為。如果我們要說明一生中的穩定性和可變性，我們就需要有理論構想，來幫助說明全面演化的變化、社會和文化的變化及個體的變化。我們也需要有種種概念，解釋生活經驗、成熟因素，以及一個人的經驗結構對生理、認知、社會、情緒和自我發展模式之作用。

　　本節將介紹五種影響個體行為改變理論之基本概念：成熟理論、行為理論、心理動力論、認知理論、生態環境論、老化理論、撤離理論及活動理論。

　　理論係指針對觀察到的種種現象與事實（facts）以及彼此之間的關係所建構出的一套有系統的原理原則；也是整合與詮釋資料的一種架構，其主要的功能是用於探究個體於幼童時期的成長與行為，並對於所觀察到的行為提出一般性的原則而加以詮釋。理論指出了個體在遺傳的結構上和環境的條件下，有哪些因素會影響個體的發展並導致行為的改變，以及這些影響要素是如何產生關聯的。

一、成熟理論

　　成熟理論（maturationist theory）主張人類之發展過程主要是由遺傳所決定。人類之行為主要受內在機制，以有系統之方式，且在不受環境影響的情況下導引著發展的進行，進而影響個體在組織上的改變。

　　在遺傳上，個體在成熟的時間產生行為逐漸外露（upholding）的過程。成熟理論學派認為，當個體的一些行為尚未自然出現時，予以刻意誘導是不必要的，甚且會造成揠苗助長而得不償失。強迫性地要求個體達到超過其成熟現狀發展的個體，不僅發展效率低，而且必須經歷低自我與低自我價值，一旦個體的發展情況不符期望中的成熟程度，便會產生低學習動機，此時則需要給予協助及輔導。

　　被視為發展心理學之父的George Stanley Hall，其觀點影響了人類發展與教育學之領域，他的學生Arnold Gesell更延續Hall的論點，將其論點以現代的科學研究加以運用。以下為讀者介紹他們的學理。

(一)G. Stanley Hall

G. Stanley Hall（1844-1924）起初在哈佛大學跟隨心理學家William James進行研究，在取得博士學位之後，又轉往德國，跟隨實驗心理學派Wilhelm Wundt（亦是心理學之父）做研究。Hall在回到美國後，便將實驗心理學的知識廣泛應用於兒童發展的研究，並推展作為兒童保育之應用。

Hall的研究發展並不像科學系統研究嚴謹。他的論點指出，個體的發展係奠基於遺傳，而兒童的行為主要是受其基因組合之影響。Hall的研究是招募一群對兒童有興趣的人來進行**田野觀察**（field observation），大量蒐集有關兒童的資料，企圖顯示不同階段的兒童之發展特質。

Hall的研究工作反映出C. Darwin進化論的論點，Hall深信：「人類每一個體所經歷的發展過程會類似於個體發展的順序，即是『個體重複種族演化的過程』（ontology recapitulates phylogeny）。」兒童行為從進化的原始層面脫離出來，透過成熟，帶來兒童的行為及自然的活動。

(二)Arnold Gesell

Arnold Gesell（1890-1961）以更有系統的方式延續Hall的研究，他待在耶魯大學的兒童臨床中心（Yale University Clinic for Child Development）近四十年的歲月，研究兒童的發展。他藉由觀察並測量兒童各種不同領域：生理、運動、語言、智力、人格、社會等之發展。Gesell詳細的描述從出生至十歲兒童發展的特徵，並建立其發展常模。

Gesell的發展理論強調「成熟」在兒童發展中的重要性，與G. S. Hall的不同之處是Gesell不支持發展的進化論，但是他相信兒童發展取決於遺傳，而人類的發展能力與速率則因人而異，故在兒童保育上應尊重每個人與生俱來的個人特質。環境對改變兒童行為僅扮演次要的角色，為取決於人類內在具有的本質，應保留並配合兒童發展的模式，故教育更要

配合兒童發展的基調，壓迫與限制只會對兒童造成負面的影響（Thomas, 1992）。

　　成熟理論多年來在兒童發展領域裡深深影響著兒童托育。成熟學派之哲學觀與Rousseau之浪漫主義相符，均支持「以兒童為本位」的教育觀點。由於後天環境對於個體的發展影響並不大，故企圖擴展超越兒童之天賦能力，只會增加兒童的挫折與傷害，甚至揠苗助長。配合兒童目前的能力提供學習經驗，是較符合兒童發展與人性（本）之教育理念，同時亦是美國幼兒教育協會（National Association of Education for Young Children, NAEYC）所倡導的「適齡發展實務」（Developmentally Appropriate Practice, DAP）的重要依據。基於這個觀點，兒童保育之專業人員被要求本於兒童的「需求與興趣」來設計教學計畫，課程配合兒童發展，並以遊戲為主要的教學設計原則。

　　此論點同時也導引出**學習準備度**（readiness）的概念。假使兒童被評定為尚無能力學習某些事，則教師必須等待兒童進一步成熟，這種準備度之觀點在閱讀教學的領域尤其明顯。成熟學派對於幼兒早年學習所持有之取向是依賴個體的成熟機能，不同於往年教育學者所採用之介入論者（interventionist）的取向；而介入論者係針對失能兒童（disabled children）或處於危機邊緣之兒童（children at risk）所設計，其方式主要是依據行為主義之觀點，利用特殊介入模式來協助兒童符合學習的期望。

二、行為理論

　　行為理論（behaviorism theory）影響心理學的理論發展已超過一世紀之久。行為理論基本上是一種學習理論，同時也一直被視為是一種發展理論。它與成熟學派持有不同看法，提出了一種由經驗引起的相對持久的行

為變化的機轉（mechanism）。行為理論學派認為，除了生理上的成熟之外，個體的發展絕大部分是受外在環境所影響，而人類之所以具有適應環境變化的強大能力，原因就在於他們做好了學習的充分準備。學習理論的論點有四：(1)古典制約；(2)操作制約；(3)社會學習；(4)認知行為主義，茲分述如下：

(一)古典制約

古典制約（classical conditioning）由Ivan Pavlov所創，有時又稱巴卜洛夫制約。Pavlov的古典制約原則探究了反應是由一種刺激轉移到另一種刺激的控制方法，他運用唾液之反射作用作為反應系統。

由古典制約模型可知（參見**圖1-3**），在制約之前，鈴聲是一**中性刺激**（Neutral Stimulus, NS），它僅能誘發一種好奇或注意而已，並不會產生任何制約化的行為反應。食物的呈現和食物的氣味會自動地誘發唾液分泌（是一種反射作用），此即**非制約反應**（Unconditioned Response, UR）（流口水）的**非制約刺激**（Unconditioned Stimulus, US）（食物）。在制約試驗期間，鈴聲之後立即呈現食物。當狗在呈現食物之前已對鈴聲產生制約而分泌唾液，我們則說狗已被制約化。於是，鈴聲便開始控制唾液分泌反應。僅在鈴聲響時才出現的唾液分泌反應稱為**制約反應**（Conditioned Response, CR）。巴卜洛夫制約先對動物實驗，再由John B. Watson（1878-1959）應用到名為Albert的小男孩身上，將新的刺激與原先的刺激連結在一起，這種對新刺激所產生的反應方式相類似於其對原先刺激所做出的反應。

古典制約可以說明人一生中出現的大量聯想學習。當一個特殊信號與某個表象、情緒反應或物體相互匹配之後，該信號便獲得了新的意義。在嬰兒期和幼兒期，隨著兒童依附的發展，各種正性和負性的情緒反應便與人物和環境建立了制約作用，對目標的恐懼也有可能成為古典制約

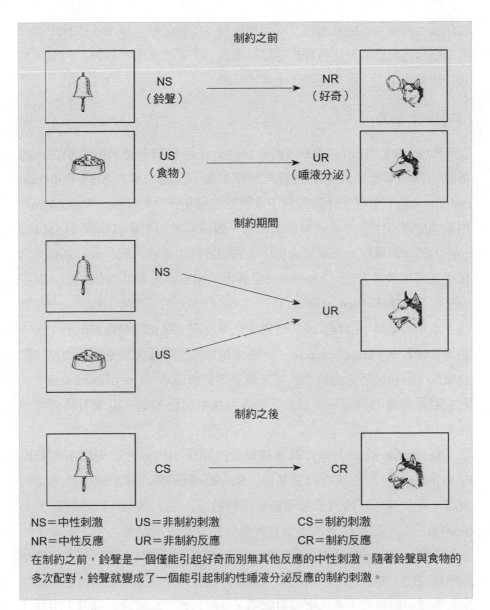

制約之前

NS（鈴聲） → NR（好奇）

US（食物） → UR（唾液分泌）

制約期間

NS
US → UR

制約之後

CS → CR

NS＝中性刺激　　US＝非制約刺激　　　　CS＝制約刺激
NR＝中性反應　　UR＝非制約反應　　　　CR＝制約反應

在制約之前，鈴聲是一個僅能引起好奇而別無其他反應的中性刺激。隨著鈴聲與食物的
多次配對，鈴聲就變成了一個能引起制約性唾液分泌反應的制約刺激。

圖1-3　古典制約

資料來源：郭靜晃、吳幸玲譯（1994），頁114。

的作用，許多人可能會回憶一次恐怖經驗，如被蛇咬、溺水、挨打等，並將這個恐懼反應與特定目標相連結，造成一生都會逃避那個特定目標，套句俗語就是：「一朝被蛇咬，十年怕草繩」。

(二)操作制約

Edward L. Thorndike（1874-1949）採用科學方法來研究學習，他嘗試由連結刺激與反應的過程來解釋學習，又稱為**操作制約**（operant conditioning）學習，強調學習中重複的作用和行為的結果。Thorndike利用貓逃出迷宮（即迷津實驗）的行為，觀察貓是利用嘗試錯誤（trial and error）的學習過程，在學習過程中，貓的盲目活動愈來愈少，行為愈來愈接近正確解決之方法。Thorndike發展出一組定律來說明制約過程，其中最主要為**效果率**（law of effect）──說明假如一個刺激所引起的反應是愉快、滿足的結果，這個反應將會被強化；反之，這個反應會被削弱；另一定律為**練習率**（law of exercise），主張個體經歷刺激與反應鍵之連結次數愈頻繁，則連結將會愈持久；第三個定律為**準備率**（law of readiness），則說明當個體的神經系統對於行動容易產生反應的話，則學習將更有效果。

Thorndike的效果率實為增強概念及操作制約概念之先驅，亦是B. F. Skinner的行為主義取向之基礎。Skinner對學習心理學與發展理論的貢獻，在於其巧妙地將學習理論應用到教育、個人適應及社會問題上。Skinner相信，欲瞭解學習必須直接觀察兒童在環境改變因素下所產生的行為改變，他認為兒童表現出來的大部分行為，都是透過工具制約學習歷程所建立的；換言之，行為的建立端賴行為後果是增強或處罰而定，是受制於環境中的刺激因素。**增強與處罰**正是行為建立或解除的關鍵，增強被用於建立好的行為塑化（shaping good behavior），而處罰被用於移除不好的行為連結（removal of bad behavior）。

　　增強物（reinforcement）有兩種，分為正增強或負增強。對兒童而言，食物、微笑、讚美、擁抱可令其產生愉悅的心情，當它們出現時，正向之行為反應連續增加，稱之為正增強物；反之，負增強物，如電擊、剝奪兒童心愛的玩物，當它們被解除時，其正向行為反應便增加。另一個觀點是處罰，是個體透過某種嫌惡事件來抑制某種行為的出現。有關正增強、削弱、負增強及處罰之區別請參見**表1-1**。

(三)社會學習

　　社會學習論（social learning theory）認為，學習是藉由觀察和模仿別人（楷模）的行為而來（Bandura & Walters, 1963），尤其在幼兒期，模仿（imitation）是其解決心理社會危機的核心。此外，青少年或成年人也深受同儕及媒體文化所影響，漸漸將其觀察的行為深入其價值系統，進而學習其行為，這也就是兒童在生活周遭中，透過觀察和模仿他人來習得他們大部分的知識，而成人及社會也提供兒童生活中的榜樣（model）；換言之，也是一種身教。如此一來，兒童便習得了適應家庭和社會的生活方式。此外，成人社會也常受到媒體廣告的影響，進而產生新的消費行為形態。

表1-1　正增強、負增強、削弱和處罰的區別

	愉快的事物	嫌惡的事物
增加	**正增強** 小明上課專心給予記點，並給予玩具玩	**處罰** 小明上課不專心，給予罰站
剝奪	**削弱** 小明上課不專心，而不讓他玩所喜歡的玩具	**負增強** 小明增加上課的專心，以避免被處罰

資料來源：郭靜晃（2005），頁23。

Bandura（1971, 1977, 1986）利用實驗研究方法，進行楷模示範對兒童學習之影響，結果表現兒童喜歡模仿攻擊、利他、助人和吝嗇的榜樣，這些研究也支持了Bandura的論點：「學習本身不必透過增強作用而習得。」社會學習的概念強調榜樣的作用，也就是身教的影響，榜樣可以是父母、兄弟姊妹、老師、媒體人物（卡通）、運動健康，甚至是政治人物。當然，學習過程也不只是觀察模仿這般簡單而已，一個人必須先有動機，並注意到模仿行為，然後個體對行為模式有所記憶、儲存他所觀察到的動作訊息，之後再將動作基模（訊息）轉換成具體的模仿行為而表現出來（郭靜晃等，2001）。換言之，行為動作之模仿學習是透過注意（attention）→取得訊息的記憶（retention）→行為產出（reproduction）→增強（reinforcement）這四種過程。

(四)認知行為主義

過去的行為主義以操作與古典制約強調環境事件和個體反應之間的連結關係，卻忽略個體對事件的動機、期望等的認知能力。Tolman（1948）提出個體之**認知地圖**（cognitive map），作為刺激與反應連結中的學習中介反應的概念，此概念解釋個體在學習環境中的內部心理表徵。Mischel（1978）認為，要解釋一個人的內部心理活動，至少要考量六種認知向度：**認知能力、自我編碼、期望、價值、目標與計畫**，以及**自我控制策略**（參見**圖1-4**）。認知能力（cognitive competency）是由知識、技巧和能力所組成；自我編碼（self-encoding）是對自我訊息的評價和概念化；期望（expectancy）是一個人的操作能力、行為結果和環境事件的意義和預期；價值（value）是由一個人賦予環境中行為結果的相對重要性；目標和計畫（goal and plan）是個人的行為標準和達到標準的策略；自我控制策略（self-control strategy）是個體調節其自我行為的技術。

這四種學習理論都對洞察人類行為有所貢獻（參見**表1-2**），也說明

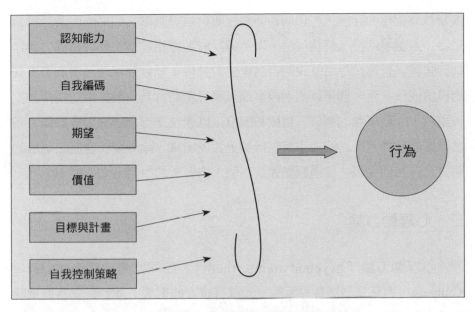

圖1-4　影響行為的六個認知向度

資料來源：郭靜晃、吳幸玲譯（1994），頁114。

表1-2　四種學習過程

古典制約	操作制約	社會學習	認知行為
當兩個事件在非常接近的時間內一起出現時，它們就習得了相同的意義並產生相同的反應	隨意控制的反應既可以加強，也可以消除，這取決於他和它們相聯繫的結果	新的反應可以透過對榜樣的觀察和模仿而習得	除了新的反應以外，學習者還習得了關於情境的心理表徵，它包括對獎賞和懲罰的期望、適當的反應類型的期望，以及反應出現的自然和社會環境的期望

資料來源：郭靜晃、吳幸玲譯（1994），頁125。

人類行為習得的過程。古典制約能夠說明信號與刺激之間形成的廣泛聯想脈絡、對環境的持久情緒反應，以及與反射類型相聯繫的學習組織；操作制約強調以行為結果為基礎的行為模式的習得；社會學習理論增加了重要的模仿成分，而人們可以透過觀察他人習得新的行為；最後，認知行為主義認為，一組複雜的期望、目標和價值可以視為是行為能夠影響操作；訊息或技能在被習得之時並不能在行為上表現出來，除非關於自我和環境的期望允許它們表現。這種觀點強調了個人指導新的學習方向的能力。

三、心理動力論

心理動力論（psychodynamic theory）如同認知論學者Piaget、Kohlberg，對兒童發展及兒童教育領域有廣大的影響。他們皆認為兒童隨年齡成長，機體成熟有其不同階段的發展特徵及任務（參見**表1-3**），如同認識發生論（epigenetic）般，個體要達到機體成熟，其學習才能事半功倍。

(一)心理分析論

Sigmund Freud（1959/1939）的心理分析理論集中於個人之情緒與社會生活的人格發展，他更創立性心理發展。雖然該理論大部分已被修正、駁倒或扼殺，但許多Freud的最初假設仍存留於現代之人格理論中。

Freud集中研究性慾和攻擊驅力對個體心理活動之影響，他認為強而有力的潛意識生物性驅力（drive）促成了人的行為（尤其是性與攻擊驅力）。Freud的第一個假定是，人有兩種基本的心理動機：性慾和攻擊，他認為人的行為都源自於個體之性慾和攻擊衝動的表現；第二個假定是，人具有一種叫作潛意識（unconscious）的精神領域，它是無法被察覺到，且是強大的、原始的動機儲存庫；而無意識動機和有意識動

表1-3　各理論的發展階段對照表

生理年齡及分期		性心理階段 （S. Freud）	心理社會階段 （E. Erikson）	認知發展階段 （J. Piaget）	道德發展階段 （L. Kohlberg）
乳兒期	0歲	口腔期	信任⇔不信任	感覺動作期	
嬰兒期	1歲				避免懲罰
	2歲	肛門期	活潑好動⇔羞愧懷疑		服從權威
嬰幼兒期	3歲			前運思期	
幼兒期	4歲	性器期	積極主動⇔退縮內疚		
	5歲				
	6歲				現實的個人取向
學齡兒童期	7歲	潛伏期	勤奮進取⇔自貶自卑		
	8歲			具體運思期	
	9歲				
	10歲				
	11歲				和諧人際的取向
	12歲			形式運思期	
青少年前期	13歲	兩性期	自我認同⇔角色混淆		
	14歲				
	15歲				
	16歲				
	17歲				社會體制與制度取向
青少年後期	18-22歲	*		*	
成年早期	22-34歲	*	親密⇔孤獨疏離	*	基本人權和社會契約取向
成年中期	34-60歲	*	創生⇔頹廢遲滯	*	
成年晚期	60-70歲	*		*	
老年期	70歲至死亡	*	自我統合⇔悲觀絕望	*	普通正義原則

*代表著與青少年期相同的發展階段。

資料來源：郭靜晃（2005），頁27。

機會同時激發行為。Freud將此種假定應用到個人之心理治療，而個人之精神問題源自於童年（尤其前五年）影響個人行為和情緒的潛意識衝突。Freud認為，個人之意識和潛意識活動需要心理能量，此稱之為**原慾**（libido），其集中於性慾或攻擊衝動的滿足，個體基本上的行為是追求快樂、避免失敗與痛苦，故心理能量激發個體兩種行為本能：生的本能（eros）及死的本能（thanatos）。而隨著個體生理的成熟，性本能透過身體上不同的區域來獲得滿足，被Freud稱之為**個體之性心理發展階段**（stage of psychosexual development）。Freud發展出了獨特的心理治療模式，他稱之為精神分析（psychoanalysis），讓患者主述其過去的歷史與目前的狀況。Freud利用**夢的解析**（dream interpretation）及**自由聯想**（free association）等技術，協助患者面對其潛意識的恐懼與矛盾，他的心理分析論廣泛影響了心理學家、精神病醫師與精神分析師的思想，甚至也影響了日後的遊戲療法。

　　此外，Freud將人格結構分為三種成分：**本我**（id）、**自我**（ego）及**超我**（superego）。本我是本能和衝動的源泉，是心理能量的主要來源，更是與生俱來的；本我依據唯樂原則（pleasure principle）表現其生物性之基本需要，此種思維稱作**原始過程思維**（primary process thought），其特點是不關心現實的制約。自我是個人與其環境有關的所有心理機能，包括知覺、學習、記憶、判斷、自我察覺和語言技能，其負責協調本我與超我之間的衝突；自我對來自環境的要求做出反應，並幫助個人在環境中有效地發揮作用；自我依據現實原則（reality principle）來操作個體與環境互動，及協調個人生物性之需求，在自我中，原始過程思維（即本我）要配合現實環境之要求，以更現實的取向來滿足個人的本我衝動，所以此思維為**次級過程思維**（secondary process thought）。「次級過程思維」即是一般我們在與人談論中所用的一般邏輯、序列思維，其必須要透過現實來體驗。超我包括一個人心中的道德格言——良心（conscience），以及個

人成為道德高尚者的潛在自我理想（ego ideal）；超我為一個人的觀念，如哪些行為是適當的、可接受的、需要追求的，以及哪些是不適當的、不可接受的，提供一個良好的衡量，它也規定一個人要成為一個「好」人的志向和目標。兒童則是透過認同（identification）與父母、社會互動，在愛、親情和教養的驅使下，兒童積極模仿他們身邊重要的他人，並將社會準則內化，成為他們日後的價值體系及理想的志向。

(二)心理社會發展論

Erik Erikson（1902-1994），出生於德國的心理分析家，他拓展了Freud的精神分析論，並修正Freud的性心理發展，以社會化之概念解釋一般人（不限於病態人格），並擴及人一生的生命歷程發展的**心理社會發展理論**（psychosocial theory）。Erikson主張，個體在其一生的發展乃透過與社會環境的互動，是經出一連串的階段進化而造成的（Erikson, 1968）（參見**表1-3**）。在人一生的發展中，由於個人身心發展特徵與社會文化要求不同，故每一階段皆有其獨特的發展任務與所面臨的轉捩點（即心理危機），雖然這個衝突危機在整個人生過程中多少會經歷到，但此一時期顯得特別重要，需要透過核心過程（central process），例如幼兒期的模仿或認同、學齡兒童期之教育來化解心理社會發展危機，進而形成轉機，以強化個體的因應能力，那麼個體行為則能積極地適應社會環境的變化，以促進個體的成長，更能順利地發展至下一個階段。Erikson之心理社會發展強調解決社會之衝突所帶來的心理社會危機，而非如Freud強調性與攻擊的衝突；因此，個體必須能掌控一連串的社會衝突，方能達到個體成熟的階段（Erikson, 1982），衝突則是由於個體在文化上以及社會上所經歷的處境所致。

心理動力論強調人際需要與內在需要在塑造人格發展中的重要性。Freud強調個人的性和攻擊衝動的滿足，而Erikson則強調個人與社會互動

中的人生發展；前者較著重童年期對成人行為之影響，而後者則強調個人
一生中各個階段的成長。心理動力論認為兒童期的發展非常重要，同時也
體察到如果我們冀望幼兒能成長為一健全的成人，在幼兒階段便必須協助
他們解決發展上的衝突，而成人與社會應扮演重要的角色，此理論也深深
影響全人發展與心理、教育及福利工作之實務者。

四、認知理論

認知（cognition）是經驗的組織和解釋意義的過程。解釋一個聲明、
解決一個問題、綜合訊息、批判性分析一個複雜的課題皆是認知活動。
而認知理論在1960年代之後除一致性研究兒童智力發展的建構論點，同
時並不斷修正，進而形成更周延的建構理論。**建構理論**（constructivist
theory）主張個體是經由處理個人從經驗中所獲得的資訊，進而創造出自
己的知識。建構理論乃是針對理性主義和經驗主義兩者間對立之處，提
出的一種辯證式解決之道。這兩種理論的論點皆是探索個體是如何知悉
世界萬物的方法。理性主義者（rationalism）視理性（即心智）為知識的
來源，而經驗主義者（empiricism）視經驗為知識的來源。建構主義者自
1960年代之後才開始影響美國兒童發展和教育領域，其中以Piaget、Lev.
S. Vygotsky及Jerome S. Bruner為代表人物，其論點分述如下：

(一)Jean Piaget

Jean Piaget（1896-1980）為認知發展建構理論的先驅，他利用個案研
究方法長期觀察女兒，建立其**認知發展階段理論**（參見**表1-3**）。除此之
外，他長期蒐集一些不同年齡層的兒童發展問題，如傳達夢境、道德判斷
及建構其他心智活動之方法與資訊。Piaget主張兒童的思考系統是透過一
連串階段發展而來，而且這些發展階段在各種文化中皆適用於所有的兒
童。

　　Piaget假定，認知根植於嬰兒與生俱來的生物能力（又稱為反射動作），只要環境提供充分的多樣性和對探索（遊戲）的支持，智力就會系統地逐步發展。Piaget的發展理論有三個重要概念：基模、適應和發展階段。

■基模

　　依Piaget的觀點，兒童是經由發展基模來瞭解世間萬物的意義。**基模**（schema）乃是思考世間萬物之要素的整合方式。對嬰兒而言，基模即行動的模式，在相似的情境當中會重複出現，例如嬰兒具有吸吮（sucking）和抓握（grasping）的基模，稍後隨基模逐漸分化、練習，而發展出吸吮奶瓶、奶嘴和乳房的不同方式，或抓握不同物品的動作基模。基模是透過心理調節過程而形成的，它隨著個體成長與環境各個層面的反覆交互作用而發展。人類終其一生皆不斷地產生並改變基模。

■適應

　　適應（adaptation）是兒童用以調整自己以適應環境要求的傾向。Piaget擴充演化論之適應概念，提出「適應導致邏輯思維能力的改變」（1936/1952: 7-8）。

　　適應是一種透過**同化**（assimilation）及**順應**（accommodation）兩方面的過程，也是基模的連續性與改變。同化是依據已有的基模解釋新經驗，也是個體與外在環境互動造成過去基模的改變。同化有助於認識的連續性，例如有一幼兒小明認為留長鬍子的男性都是壞人，那麼當小明遇到某一位男性留著長鬍子，此時小明便會預設（認知）這位留鬍子的男性一定是壞人。

　　適應過程的第二方面是順應，這是為說明物體或事件顯露出新的行為或改變原有基模；換言之，也是個體改變原有的基模以調適新的環境要求。例如小明如果與那位留鬍子的男性相處的時間更久些，或與他互

動，小明可能會發現，這位男性雖留著鬍子，但他很熱情、親切，並且很友善。日後小明就瞭解並非每個留鬍子的男性都是壞人。兒童即透過這兩個歷程增加其對世界的瞭解並增進個體認知的成長。

在人的一生中個體會透過相互關聯的同化和順應過程逐漸獲得知識。為了得到新的觀點與知識，個體必須能夠改變其基模，以便區分新奇和熟悉的事物。個體之同化與順應之過程造成適應的歷程，也造成個體心理平衡的改變。**平衡**（equilibrium）是在個人與外界之間，以及個人所具有的各個認知元素之間，求取心理平衡的一種傾向。當個體無法以既有的認知結構處理新經驗時，他們會組織新的心理形態，以回復平衡的狀態（郭靜晃等，2001）。

■發展階段

Piaget的興趣在於理解人是如何獲得知識。認識（knowing）是一種積極過程，一種構造意義的手段，而不是瞭解人們知道哪些特定內容。Piaget的研究則集中在兒童探索經驗方式之基礎抽象結構，他對兒童如何瞭解問題的答案，比對答案本身更感興趣。基於這個觀點，他不斷觀察兒童如何獲知問題的答案過程，進而創立了認知發展的基本階段理論，共分為四個階段：感覺動作期、前運思期、具體運思期和形式運思期。Piaget認為，個體透過此四種認知成熟的基本模式成長，發展個體的邏輯推理能力；因此，他所指述的階段包含著能夠運用於許多認知領域的抽象過程，以及在跨文化條件下，在實際年齡大致相同的階段中觀察到的抽象思維過程。1960年代之後，許多研究兒童發展的學者除了受Piaget理論之影響，也深入探究其理論，也有些人駁斥Piaget的理論並修正其理論而成為**新皮亞傑理論**（Neo-Piagetian theory）。

(二)Lev Semenovich Vygotsky

Lev. Semenovich Vygotsky（1896-1934）是一位蘇聯的心理學家，也

是一位建構心理學的理論家。他原先是一位文學教師，非常重視藝術的創
造，日後轉而效力發展心理學和精神病理學的研究。

Vygotsky認為，人同時隨著兩種不同類型的發展——自然發展和文
化發展來獲得知識。自然發展（natural development）是個體機體成熟的
結果；文化發展（cultural development）則是與個體之語言和推理能力有
關。所以，個體之思考模式乃是個體在其成長的文化中，從他所從事的活
動中獲得的結果。此外，進階的思考模式（概念思想）必須透過口頭的方
式（即語言發展）來傳達給兒童。所以說，語言是決定個體學習思考能力
的基本工具；也就是說，透過語言媒介，兒童所接受的正式或非正式教
育，決定了其概念化思考的層次。

Vygotsky提出文化發展的三階段論，一個階段又可再細分為一些次階
段（Thomas, 1992）（參見**表1-4**）。Vygotsky認為，兒童的發展是透過他
們的「近似發展區」（zone of proximal development），或他們不以孤立
自己來運作。在這個區域中，兒童從比他們更成熟的思考者（如同儕或成
人）獲得協助，猶如建築中的鷹架（scaffolding）一般，支持並促使兒童
發揮功能及學習新的能力。從Vygotsky的觀點，學習指導著發展，而非先
發展再學習。Vygotsky的理論後來引起廣大的注意，尤其是那些對Piaget

表1-4　Vygotsky的文化發展階段

階段	發展內涵
階段一	思考是無組織的堆積。在此階段，兒童是依據隨機的感覺將事物分類（且可能給予任何名稱）
階段二	利用複合方式思考，兒童不僅依據主觀印象，同時也依據物體之間的連結，物體可以在兒童心中產生連結。兒童脫離自我中心思考，轉向客觀性的思考。在複合思考中，物體是透過具體性和真實性來進行思維操作，而非屬於抽象和邏輯的思考
階段三	兒童可從概念思考，也發展了綜合與分析能力，已具有抽象和邏輯思考能力

資料來源：Thomas (1992), pp.335-336.

理論有所質疑的兒童發展與教育學者，Vygotsky的理論在語言及讀寫能力之教育應用上已有研究的雛形。

(三)Jerome Bruner

Jerome Bruner（1915- ）如同Vygotsky般關心兒童的思考與語言，他提出三個認知過程：(1)行動模式（enactive mode）；(2)圖像模式（iconic mode）；(3)符號模式（symbolic mode）。**行動模式**是最早的認知階段，個體透過動作與操作來表達訊息，大約在零至二歲的嬰兒期。嬰兒透過行動來表達他的世界，例如用手抓取手搖鈴表示他想說，或用吸吮物體表示他的饑餓。

圖像模式約在二至四歲的幼兒期，兒童藉由一些知覺意象來表達一個行為，如用視覺的、聽覺的、觸覺的或動態美學的方式來表達其心中的圖像或其所目睹的事件。**符號模式**的發展是在五歲之後，由於兒童語言的擴增，可幫助其表達經驗，並協助他們操作及轉化這些經驗，進而產生思考與行動，故語言成為兒童思考與行動的工具。之後，理解力得以發展。故兒童的認知過程始於行動期，經過了圖像期，最後到達符號期。如同個體對事物的理解力般，一開始是透過動手做而達到瞭解，進而藉由視覺獲得瞭解，最後則是透過符號性的方式表達個體意念。建構主義對幼兒發展的解釋，影響日後幼兒保育及兒童福利。Piaget的理論已被廣泛地運用於幼兒的科學與數學領域的認知模式之托育，而近年來，Vygotsky及Bruner的理論已影響到幼兒閱讀與語言領域之幼兒保育，尤其是在啟蒙讀寫之課程運作上。

五、生態環境論

生態環境論（ecological theory）視個體為其周遭的環境系統所影響，

此理論可應用解釋到兒童保育及兒童福利。此理論是相對於個體之成熟論，由Urie Bronfenbrenner（1917- ）所倡導的。他認為人類發展的多重生態環境，可讓人們瞭解活生生的、成長中的個體如何與環境產生互動關係。他依照環境與人的空間和社會的距離，分別連環成包含四種系統的圖層──即微視、中間、外部和鉅視等系統（參見**圖1-5**）。個體被置於核心，受其個體的原生能力及生物基因的影響，以及日後受環境互動中所形成的個人經驗及認知，稱之為**微視系統**（micro system），而與個體最密切的家庭或重要他人，如照顧者、保母與個體互動最直接與最頻繁，故影響也最大。**中間系統**（mesosystem）是各微視系統（如家庭、親戚、同儕、托育機構、學校、宗教機構等）之間的互動關係，個體最早的發展即是透過與這些微視系統所組成之居間系統的接觸而達成社會化，進而瞭解最早的周遭環境。**外部系統**（ecosystem）是指社會情境直接影響其中

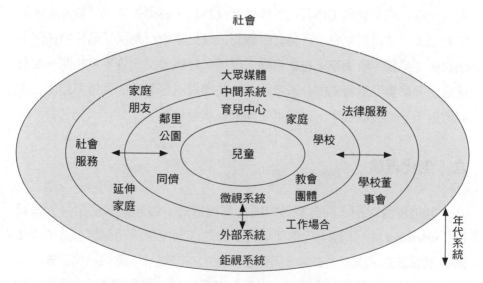

圖1-5　生態系統理論之系統組合

資料來源：郭靜晃（2005）。

間系統的運作，而間接地影響兒童的發展，例如父母的工作情境、學校的行政體系、政府的運作、社會制度或民間團體等等。最後是**鉅視系統**（macro system），它直接受到各個社會文化的意識形態和制度模式所影響，例如社會文化、社會意識形態和價值觀，直接影響外部系統、中間系統及微視系統的運作，再間接影響個體的發展。

在Bronfenbrenner的理論中，人類發展最重要的本質，是透過與環境互動來增加個體適應社會的能力。年幼的兒童因個體成熟性不足，受微視系統影響最大。之後隨著年齡的增長，其微視系統逐漸擴大，可從家庭、托育機構、學校、社區或宗教組織，進而擴大個人生活圈與同儕接觸，以及受多媒體的影響。因此，生態環境理論運用到個體之發展，可說受到個人天生之基因遺傳、家庭及托育環境（空間、玩物、課程）、同儕，以及受到政府機構對托育價值判斷的影響。

生態環境論著重兒童對於周遭環境的詮釋，以及這些詮釋是如何改變的。所以兒童發展工作者在解釋兒童行為時，必須先瞭解兒童身處情境中的知覺，才能對兒童的行為有所體認。而兒童的行為深受環境中任何一個環節（系統）所衝擊，包括家庭、學校、社區與文化皆息息相關。唯有透過正面影響兒童身處的社區及社會，並透過這些環境的支持與協助，才能改善不好的發展因素，以促進正向的兒童發展。

六、老化理論

老化理論泛指人的身體就如同一部機器般，經年累月使用終究會耗損（worn out）。人體老化的速率有很大的個別差異，而個體最終的改變則是頭髮鬢白、皮膚失去水分與彈性、臉上布滿皺紋、骨骼結構改變，人會比過去矮。個體如缺乏運動，尤其是老年時期，將會加速肌肉萎縮、關節僵硬，更會加速鈣的流失（骨質疏鬆），會使骨骼容易破裂。

老人的身體變化，除了身體老化因素之外，其餘因素如壓力、運動和情緒狀態也會對身體，如睡眠、心跳有所影響。一個健康且充滿活力的老年人，其心臟血管和循環系統會較好。老人平均一天保持七、八個小時的睡眠，他們不用一次達成，可以分次彌補睡眠的不足。用藥習慣和情緒沮喪也會干擾睡眠。正規的運動、積極的社會參與和不濫用物質與藥物對老年人的身體健康及減少耗損是最有幫助的。

七、撤離理論

Cumming和Henry（1961）在Kansas City的老人研究中，提出**撤離理論**（disengagement theory）。他們認為在老人期可能會導致老人和社會互動分離。老人可能因為年老體衰，死亡逼近，而選擇從社會撤離；此外，社會為了體系均衡，逼迫老人退休以讓職分與角色給年輕人，從而決定老人從社會互動中抽離。抽離社會，對有些人是自願的，對某些人來說則是非自願的。不論自願與否，剛開始時，老人難免會士氣低落、有不適應的情形，不過漸漸地自我整合、調整，個人士氣終會再提升。Cumming和Henry（1961）認為，撤離是普世的傳統文化，任何人皆不可避免。

八、活動理論

Lemon等人（1972）提出**活動理論**（activity theory），此理論強調個體透過社會活動可提昇生活滿意度。在老年期，個體因為退休、死亡、地理上的分隔等剝奪老人的角色，而這些角色是個體在社會生活中之人生穩定來源。因此，此理論假設：個體在社會參與愈活躍，其生活的滿意度就會愈高（Lemon, Bengston, & Petersen, 1972）。一般來說，老人生活中有三種活動：(1)非正式的活動：如和親戚、朋友、鄰居的互動；(2)正式的

活動：如參與志工團體；(3)獨自從事的活動：如閱讀、休閒等。其參與頻率以非正式活動最高，正式活動次之，單獨從事的活動最少。研究指出，非正式活動能確立老人角色之重要性，並賦予老人自我價值，也增進老人對生活的滿意度。

✎ 第三節　人生全程發展之生命期待

　　勾勒一個人的未來端賴於他期望要活多久。當然，我們可以大概推估：「吾人生命可能因一災難事件、意外或生病而結束；但是，概算一個人可以活多久，是植基於一個人平均的**生命期待**（life expectancy）。」在過去美國歷史的九個時段中，平均每個人生命歷程的期待是不同的。**表1-5**指出，在20世紀初期，出生時只能被預估可以活到四十九・二歲，但當他們活到六十五歲時，預期他們可以活到七十六・九歲；活到七十五歲時，預期他們可以活到八十二・一歲；而活到八十歲時，預期可活到八十五・三歲。在2000年，他們在出生時被預期可活到七十七歲；當他們活到六十五歲時，他們預期可活到八十三歲；到七十五歲時，預期可活到八十六・四歲；而到八十歲時，他們預期可活到八十八・七歲。

表1-5　從1990至2000年在不同年齡層的平均存活率推估

年代	2000	1994	1989	1978	1968	1954	1939-1941	1929-1931	1900-1902
出生	77.0	75.7	75.3	73.3	70.2	69.6	63.6	59.3	49.2
65歲	18.0	17.4	17.2	16.3	14.6	14.4	12.8	12.3	11.9
75歲	11.4	11.0	10.9	10.4	9.1	9.0	7.6	7.3	7.1
80歲	8.7	8.3	8.3	8.1	6.8	6.9	5.7	5.4	5.3

資料來源：U. S. Bureau of Census (1984, 1992, 2000, 2003).

表1-6　民國85至94年臺灣地區國民平均壽命

	民國 85年	民國 86年	民國 87年	民國 88年	民國 89年	民國 90年	民國 91年	民國 92年	民國 93年	民國 94年
男	72.38	72.97	73.12	73.33	73.83	74.06	74.59	74.77	74.68	74.50
女	78.05	78.61	78.93	78.98	79.56	79.92	80.24	80.33	80.75	80.80

資料來源：內政部統計處（2007）。

　　生命表為測定一國國民生命力強弱之重要指標，從**表1-6**可以瞭解一國國民健康水準及生命消長情況。其「平均餘命」函數可用以說明各年齡人口預期生存之壽年。民國八十五年臺閩地區人口平均壽命男性為七十二‧三八歲、女性為七十八‧〇五歲，其中臺灣地區人口平均壽命已由民國四十五年男性六十‧四〇歲、女性為六十四‧三八歲，升至民國九十四年男性七十四‧五〇歲、女性八十‧八〇歲。近五十年來，男性平均壽命增加十四‧一〇歲、女性增加十六‧四二歲。依據1998年世界人口估計要覽資料顯示，臺灣男七十三歲、女七十九歲，較亞洲國家，如韓國男七十歲、女七十七歲，菲律賓男六十三歲、女六十九歲，馬來西亞男七十歲、女七十五歲為高，較日本男七十七歲，女八十四歲則差距仍大。與美國男七十三歲、女七十九歲；德國男七十三歲、女八十歲，丹麥男七十三歲、女七十八歲等已開發國家相若。

　　使用這類統計數字推估個人的生命全程，我們可以計算出生命全程的改變。在1994年出生，每人生命全程平均較1990年出生時被期待有多二十六‧五年的壽命。除此之外，美國社會安全局（The Social Security Administration）所做的生命期待計畫是相當可靠的，尤其對男女生的預測（參見**表1-7**）。整體來看，男生不如女生活得久，不僅在美國是如此，相對地在世界各地亦是如此。美國男女性在生命期待中之差距從1980年到現在已漸漸減少，至少到2010年彼此的差距會更小。目前已有相當證據顯示，社會系統影響到一個人的生物系統，諸如醫藥的進步、相關生活

表1-7　1980、1990、2000、2005、2010在性別上出生時的生命期待計畫

性別	1980	1990	2000	2005	2010
男性	70.0	72.1	73.0	73.5	74.1
女性	77.4	79.0	79.7	80.2	80.6
差距	7.4	6.9	6.7	6.7	6.5

資料來源：U. S. Bureau of Census (1991, 1997).

方式的選擇、健康照顧服務的可及性以及成功因應壓力等。

　　根據美國政府的方案推估，男女性出生時的生命期待從現在到2010年是增加的。到底人出生時生命期待是繼續增加，還是現在已是一個人生命期待的極限？目前呈現兩極化的說法。Bernice Neugarten（1981）（美著名的老化研究發展學者）辯稱：「假如人類在醫藥及營養方面，在未來四十年如果像過去六十年般快速的進展，那屆至2020年，人類活到一百二十歲高齡是毋庸置疑的。」然而，Olshansky等人（1990）卻提及在嬰兒、成人及老年人時的主要相關致命因子已被控制得不錯，未來少有進展空間，所以我們應期待有更好的健康生活，而不是更長壽。

　　儘管如此，在進行推估某個人的生命期待時，便必須考量那個人的居住地區、年齡、教育、種族及性別族群。除此之外，相關研究已證實基因會影響一個人的壽命；如果一個人祖先長壽，那他／她也可能會較長壽；個人的生活型態也與壽命呈現正相關。美國《新聞週刊》（*Newsweek Magazine*）在1997年有一篇報導：〈如何活到100歲〉（How to Live to 100），文中列表推估個人的生命年齡是依據個人的年齡、健康、生活型態、家庭及其祖先做研判（Cowley, 1997）（參見**表1-8**）。除此之外，個人的家庭收入，是否有高血壓、背痛、關節炎、吸菸、正常體重及酗酒等，皆是影響個人是否長壽之因素。最近相關研究亦指出，均衡飲食、體重過重及有策略服用維生素及礦物質，皆有助於細胞免於老化及損壞（Carper, 1995; Rusting, 1992; Walford, 1990）。

表1-8 長壽的相關因子

右列的年齡推估是各年齡層的中數，然後依下列的危險因子做增減〔假如你年齡超過6時，依右列正負百分比（±%）調整危險因子分數〕	年齡	男性	女性	計分：危險因子參考此表
	20-59	73	80	+/-20%
	60-69	76	81	+/-50%
	70-79	78	82	+/-75%
	80↑		加5歲	

健康	增加生命期待			沒有改變	減少生命期待			畫記
	增加3歲	增加2歲	增加1歲		減少1歲	減少2歲	減少3歲	
血壓	在90/65及120/81	沒有心臟病，但低於90/65	在121/82及140/90之間	130/86	在131/87及140/90之間	141/91及150/95之間	超過151/96	
糖尿病	--	--	--	無	第二型（成人發病）	--	第一型（青少年發病）	
全部膽固醇	--	--	少於160	160-200	201-240	241-280	280↑	
HDL膽固醇	--	--	高於55	45-54	40-44	低於40	--	
我的年齡與同年齡層人相比較，我的健康是			良好	不錯	--	不好	很差	

生活型態	增加3歲	增加2歲	增加1歲		減少1歲	減少2歲	減少3歲	畫記
抽菸	無	過去抽菸，已超過近5年不抽菸	過去抽菸，近1至3年不抽菸	過去抽菸近1至3年不抽菸	過去抽菸，近1年不抽菸	抽菸1天1包以內	抽菸1天1包以上	
二手菸	--	--	--	--	1天1小時	1天1至3小時	1天3小時以上	
運動平均	每天90分鐘運動量（如走路、游泳）超過3年以上習慣	每天超過60分鐘，習慣超過3年	每天20分鐘，習慣超過3年	每天10分鐘，習慣超過3年	每天5分鐘，習慣超過3年	每天少於5分鐘	無	
飲食脂肪攝取量	--	低於20%	21%-30%	31%-40%	--	高於40%	--	
水果及蔬菜	--	--	每天5種及以上	--	無	--	--	

家庭	增加3歲	增加2歲	增加1歲		減少1歲	減少2歲	減少3歲	畫記
婚姻狀況	--	健康已婚男性	健康已婚女性	單身女性或鰥夫	離婚男性或寡婦	離婚女性	單身男性	
過去1年重大壓力事件	--	--	--	--	1件	2件	3件	
平均每月朋友見面次數	--	3次	2次	1次	--	無	--	
父母死亡年齡	--	--	父母已超過75歲	一位超過75歲	--	--	沒有一位超過75歲	

註：本表是大概的生命期待常模，可以用來作為自我的生命期待推估。
資料來源：整理自*News Week Magazine*, June 30, 1997.

吾人一生的抉擇常被個人預估活多久所影響，例如A君期望活到八十歲，他覺得四十歲前要保持單身，但往後四十年，他必須與另一伴侶共同生活，所以，一個人的生命期待影響到個人之行為、自我概念、態度及對未來的願景。

第四節　結語

人生全程發展是由現代發展心理學所加以演進，亦是心理學的一支，主要的研究變項是年齡，探討由年齡成長所產生身心各方面的變化。人生全程發展與發展心理學的主要區別有四：(1)發展是連續的；(2)成熟是相對的；(3)發展存在於脈絡中；(4)發展的影響是雙向的。

本章探討了人生全程發展的定義與內涵、發展心理學歷史的演進、影響發展的因素、發展的原則與過程，以及人生全程發展常用的理論──如成熟理論、行為理論、心理動力論、認知理論和生態環境論。

人生全程之人口統計資訊刺激一個人推估個人之生命期待。在美國，這世紀以來，個人平均生命期待增加50%以上，此種劇烈改變影響人們前瞻未來。我們需要持續不斷鑽研人類發展，因為我們不能滿足於從過去歷史的數據來推估我們的下一代。

參考書目

一、中文部分

內政部統計處（2007）。《內政部統計年報：光復後歷年簡易生命表平均餘命》。臺北：內政部統計處。

朱智賢（1989）。《心理學大辭典》。北京：北京師範大學。

馬慶強，高尚仁主編（1996）。〈發展心理學〉，《心理學新論》。臺北：揚智文化。

張春興（1991）。《張氏心理學辭典》。臺北：東華書局。

郭靜晃（2005）。《兒童發展與保育》。臺北：威仕曼文化。

郭靜晃、吳幸玲譯（1994）。《發展心理學——心理社會理論與實務》。臺北：揚智。

郭靜晃、黃志成、陳淑琦、陳銀螢（2001）。《兒童發展與保育》。臺北：國立空中大學。

陳怡潔譯（1998）。《人類行為與社會環境》。臺北：揚智文化。

黃志成（1999）。《幼兒保育概論》（第二版）。臺北：揚智文化。

二、英文部分

Anderson, J. E. (1960). Behavior and personality. In E. Ginsberg (Ed.), *The Nation's Children: Development and Education*. New York: Columbia University Press.

Atchley, R. C. (1975). The life course, age grading, an age-linked demands for decision marking. In N. Datan & L. H. Ginsberg (Eds.), *Lifespan Development Psychology: Normative Life Crises* (p. 264). New York: Academic Press.

Bandura, A. & Walters, R. H. (1963). *Social Learning and Personality Development*. New York: Holt, Rinehart & Winston.

Bandura, A. (1977). *Social Learning Theory*. Englewood Cliffs, NJ: Prentice-Hall.

Bandura, A. (1986). *Social Foundations of Thought and Action: A Social Cognitive Theory*. Englewood Cliffs, NJ: Prentice-Hall.

Bandura, A. (Ed.) (1971). *Psychological Modeling: Conflicting Theories*. Chicago IL:

Aldine-Atherton.

Carper, J. (1995). *Stop Aging Now: The Ultimate Plan for Staying Young and Reversing the Aging Process*. New York: Harper Collins Publishers.

Clausen, J. (1986). *The Life Course: A Sociological Perspective*. Englewood Cliffs, NJ: Prentice-Hall.

Cowley, G. (1997, June 30). How to live to 100. *Newsweek*, 56-67.

Cumming, E. & Henry, W. E. (1961). *Growing Old: The Process of Disengagement*. New York: Basic Books.

Elder, G. H. (1975). Age differentiation and the life course. *Annual Review of Sociology, 1*: 165-190.

Elder, G. H. (1981). Social history and life experience. In D. H. Eichorn, J. A. Clausen, N. Haan, M. P. Honzik, & P. H. Mussen (Eds.), *Present and Past in Middle Life* (pp. 3-21). New York: Academic Press.

Erikson, E. H. (1963). *Childhood and Society* (2nd ed.), New York: Norton.

Erikson, E. H. (1968). *Identity: Youth and Crisis*. New York: Norton.

Erikson, E. H. (1975). *Life History and the Historical Moment*. New York: Norton.

Erikson, E. H. (1982). *The Life Cycle Completed: A Review*. New York: Norton.

Gesell, A. (1952). Developmental pediatrics. Nervous, Child, *9*: 225-227.

Hagestad, G. O. & Neugarten, B. L. (1985). Ageing and the life course. In R. Binstock & E. Shanas (Eds.)., *Handbook of Aging and the Social Science* (pp. 35-61). New York: Van Nostrand Reinhold.

Hurlock, E. B. (1968). *Developmental Psychology* (3rd ed.), New York: McGraw-Hill Inc.

Hurlock, E. B. (1978). *Child Development* (6th ed.). New York: McGraw-Hill Inc.

Lemon, B. W., Bengston, V. L., & Petersen, J. A. (1972). An exploration of the activity theory of aging: Activity types and life satisfaction among in-movers to a retirement community. *Journal of Gerontology, 27:* 511-523.

Mischel, W. (1978). On the interface of cognition and personality: Beyond the person-situation debate. *Psychological Review, 80*: 252-283.

Neugarten, B. L. (1981). Growing old in 2020: How will it be different? *National Forum, 61(3)*: 28-30.

Olshansky, S. J., Carnes, B. A., & Cassel, C. (1990). In search of Methuselah: Estimating the upper limit to human longevity. *Science, 250*: 634-640.

Piaget, J. (1936/1952). *The Origins of Intelligence in Children.* New York: International University Press.

Rusting, R. L. (1992). Why do we age? *Scientific American, 267*: 130.

Thomas, R. M. (1992). *Comparing Theories of Development* (3rd ed.). Belmont, CA: Wadsworth.

Tolman, E. C. (1948). Cognitive maps in rats and men. *Psychological Review, 55*: 189-208.

U. S. Bureau of Census (1984). Statistical abstract of the United States, 1984. Washington, DC: Government Printing Office.

U. S. Bureau of Census (1991). Statistical abstract of the United States, 1991. Washington, DC: Government Printing Office.

U. S. Bureau of Census (1992). Statistical abstract of the United States, 1992. Washington, DC: Government Printing Office.

U. S. Bureau of Census (1997). Statistical abstract of the United States, 1997. Washington, DC: Government Printing Office.

U. S. Bureau of Census (2000). Statistical abstract of the United States, 2000. Washington, DC: Government Printing Office.

U. S. Bureau of Census (2003). Statistical abstract of the United States, 2003. Washington, DC: Government Printing Office.

Walford, R. L. (1990). The clinical promise of diet restriction. *Geriatrics, 45*: 81-83, 86-87.

Chapter 2

成人發展之科學研究方法

■ 從人類發展解釋人類行為

■ 人類發展之科學研究方法

■ 結語

　　要瞭解任何複雜的個人或社會行為，吾人必須要精確掌握社會科學方法的語言、術語及符號，也就是利用科學方法來獲得知識，進而解決問題（郭靜晃，2007）。社會行為研究的本質在於科學化過程所獲得的知識。科學研究至少包括有兩個特性：

1. 科學研究是系統與控制的：科學研究過程要井然有序，如此一來，研究者才能對研究結果有信心。
2. 科學研究是實徵的：研究者的主觀想法必須要經客觀事實來加以驗證；換言之，研究者必須從實徵的測驗與調查來檢證心中（演繹）的想法（假設）。

　　成人發展研究（developmental research in adulthood），基本上是以敘述為研究目的，其可以同時應用於質化（qualitative）及量化（quantitative）研究方法。前者常被用於詮釋現象或批判的社會研究取向，例如人種誌、俗民方法或紮根理論；而後者常用於實證科學取向，如調查研究或實證研究。成年發展研究方法主要在探討因時間而產生在成年期的身心改變。

第一節　從人類發展解釋人類行為

　　本章採用助人專業實務界用以分析人類行為之方法來解釋人類的行為，其認為分析人類行為的方法有兩個：(1)生物心理社會模式；(2)發展模式（developmental perspective）。

一、生物心理社會模式

生物心理社會模式（bio-psycho-social model）乃是依據系統論之觀點，假設每個人皆是由最小的分子所組成，再經由細胞構成器官；同樣的，每個人都是家庭、社區、社會、國家及文化中的一分子。此種看法如同Erik Erikson（1963）所指出：「人類行為及生命是由三個重要系統（身體、自我及社會）相互合作及修正而產生的。」

(一)生物

生物系統（bio system），又稱身體系統（body system）、器官系統（organ system），包括所有生物組織正常活動所必需的過程（見圖2-1）。我們的感覺能力、運動反應及呼吸系統、內分泌系統和循環系統等都是身體系統的一部分，而且相互運作形成身體之作用力。身體過程是作為一系列因素的結果而發展變化，其中包括由遺傳所導引的成熟和環境種種因素，諸如營養、陽光、意外事故、疾病，以及與藥物使用、日常運動、飲食、睡眠等有關的生活習慣。

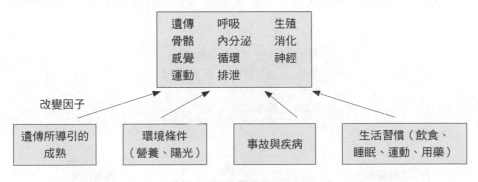

圖2-1　身體系統的元素

(二)心理

自我，又稱心理系統（psycho system），包括那些對思想和推理很重要的過程（見圖2-2）。我們的記憶和思考、解決問題的語言和使用符號（表徵）的能力，以及我們的理想，都是自我（心理）過程。就像身體過程，自我過程也是透過人生發展歷程而改變的。改變的歷程部分是由遺傳訊息所導引的（如智力），還有生活經驗（包括外在環境中的教育和環境），以及自我引導（包括個人之學習動機與態度等）。

(三)社會

社會系統（social system）涉及一個人能否與社會相整合的過程（見圖2-3）。社會過程包括社會角色、禮儀、文化傳說、社會期望、領導類型、溝通模式、家庭結構、種族次文化、政治和宗教意識、貧富之經濟模式以及戰爭或和平。而社會系統來自人際關係及社會功能。

社會過程在人的一生中也是能夠改變的，而一個人面臨改變最巨的是從一種文化環境過渡（transit）到另一種環境，例如轉大人、結婚或離婚。在此種情況下，許多關於個人之理想或社會聯繫也將隨之改變。

歷史事件使一個人成為上位的壓迫者或下位的被屈服者；富足與貧

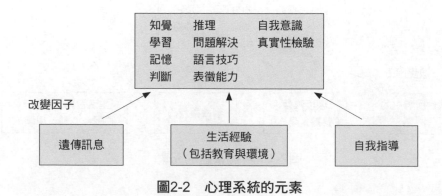

圖2-2　心理系統的元素

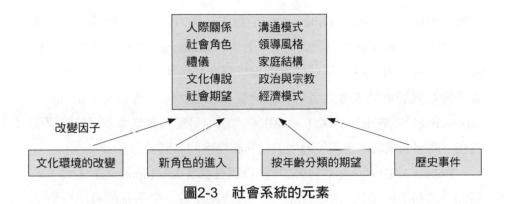

圖2-3　社會系統的元素

窮影響文化中個人看待自己的方式，同時也對個體產生影響。

Erikson的心理社會學派（psychosocial approach）著重個體與社會互動歷程中所牽引的內部體驗，它們是生理心理社會各系統之間互動的產物；換言之，個體之行動與行為是由此三種系統互動過程而來。基於生物心理社會模式之觀點，行為的基本假設為（Ashford et al., 2001）：

1.評估人類行為和社會環境包括有三個層面，分別為生物、心理及社會。
2.此三種層面構成整體的生物心理社會系統。
3.此系統包括多元系統，由最小的細胞到最大的系統（文化社會）所構築而成。
4.各個系統不斷進行交流（transact）及互動（interact）或相互影響。

二、發展模式

社會功能反映出人類行為之社會能力，而此種能力是個體須經過成長、改變，以及與學習和環境的相互作用而擁有。能力模式（competence model）著重協助個人發揮潛能，並能瞭解個人與環境交互作用下所產生

的壓力與需求。Robert White（1974）指出，能力為個體對環境產生的主宰與控制感，進而適應環境的需求；此外，Bandura（1982）亦提出，自我功效（self-efficacy）是個體對表現於特定環境所要求行為之自信感。這些皆是個體或助人專業者日後所提及或運用到的力量觀點（strengths perspective）（Weick, 1992）。應用能力感則是助人專業者運用於瞭解個體在不同發展階段的生活（發展）任務與需求的發展能力。

　　Robert J. Havighurst於1952年將**發展任務**（developmental tasks）的概念引進科學的論述之中，並把這一概念運用於人生全程的發展分析之中。Havighurst（1972）堅信，人類發展是人們努力完成由他們所適應的社會要求的任務。這些任務隨著年齡而變化，因為每一個社會對行為皆有以年齡劃分的期待。任務發展得好，個體得到滿足與獎賞；任務完成得不好的人，將會承擔不幸與社會譴責。發展任務不僅說明人們應該在不同階段中要完成的發展任務，更說明是哪些因素會造成不同的發展狀況。

　　Havighurst強調社會在發展的階段中需要哪些技能，同時他也沒有忽視身體之成熟作用。Havighurst認為，發展任務有其**關鍵期**（critical period），這是指一個人已成熟，且能最大限度地準備好獲得一項新能力的時期，他稱這些時期為**可教導的時期**（teachable moment）。

　　發展最主要的關注焦點是**改變**（change），人們隨著不同生命階段而產生改變是一個不爭的事實，但是如何改變以及改變之異同性為何，卻是發展心理學一直討論的議題。發展是強調人們生理、心理和社會改變之因素與結果的過程，這些改變對人們有著正面及負面之影響。造成改變的因素是什麼以及是如何產生改變的，也一直是社會工作教育課程關注人類行為與環境改變過程之科學知識，尤其是人生歷程（life-course）的轉換（捩）（transition）。

　　生命歷程提供個體在不同生命週期階段中的心理各層面行為之改變，生命歷程中的生命階段亦被看成是社會結構化的歷程，此分析取向

著重在解釋社會情況如何改變及影響生命階段之事件與行為。為了瞭解
人類發展上的行為改變，並有規劃能力及知道如何預防影響個體行為之
知能，對此助人專業者強調社區應有下列三級預防功能：(1)初級預防
（primary prevention）是指任何心理及社會的失能，或疾病與問題發生之
前所做的各項介入預防方式，主要目的是避免失能問題的產生，例如教
育、津貼等；(2)次級預防（secondary prevention）則是鎖定在問題剛發
生時所做的處遇，目的是為避免更大問題的產生，例如補助、諮商輔導
等；(3)三級預防（tertiary prevention）是指直接提供治療性處遇，以降低
或減少問題對人們所產生的負面影響或副作用。

第二節　人類發展之科學研究方法

　　近代發展心理學最重要的特徵是方法的科學化（張欣戊等，
2001）。科學方法使我們創立一個知識體系。事實上它是一種發展蘊含訊
息的方法，而這個方法有保證訊息正確的程序。進一步來說，科學研究是
人類追求知識或解決問題的一種活動，並藉由科學研究的活動，使人類能
瞭解事實真相，進而解決問題，從而提昇人類生活素質。

一、研究年齡變化的四種研究

　　人類發展既是一項實務工作，也是一門對於科學研究結果加以應用
的學問。人類發展研究最主要的目的，在於瞭解人類發展的連續性，以及
對於變化模式加以描述和解釋，瞭解人類發展上的順序和預期的模式。人
類發展最常見的一個變項（variable）就是年齡，那是其他心理學所沒有
的。研究年齡變化之設計有四種：回溯研究、橫斷研究、縱貫研究，以及

族群輻合研究。

(一)回溯研究

使用**回溯研究**（retrospective study）的研究者常會要求受試者回憶並描述他們早期的經驗。許多探討兒童教養的研究，利用父母對育兒經驗的追憶來評估兒童行為的模式。Freud曾詢問有神經症狀的成人的早期生活經驗，並從中嘗試找出早期經驗與其成年神經病症之關聯性。而研究家庭婚姻滿意感的研究者嘗試詢問結婚三十年的夫妻，他們在結婚二十年時、十年時及剛結婚時的互動情形，或他們對婚姻的滿意情況，這種方法可以獲得一個人對過去事件所保留的記憶的材料，但我們不能確信這些事件是否確實如他們所記憶的那般情形；因為時間的轉移，有可能會使我們對往事意義的記憶產生變化；或因我們認知成熟度的增加而影響我們的態度，或對往事的記憶（Goethals & Frost, 1978）。

(二)橫斷研究

橫斷研究（cross-sectional study）是在一個固定時間觀察數組不同年齡的兒童；同時，此種設計也可應用到不同社會背景、不同學校或不同社會團體的人來進行研究。這種設計可普遍地應用於研究人類發展，研究者可以比較不同身心水準或不同年齡的個體，瞭解個體特定的身心發展領域是如何隨著年齡之不同而有所差異；此外，研究者也可以比較各種不同社經水準的家庭，探討其育兒方式有何差異。如**圖2-4**所示，是於2004年觀察十、十五及二十歲等三組兒童（他們分別出生在1994、1989及1984年），此研究設計是橫斷研究法。

(三)縱貫研究

縱貫研究（longitudinal study）係指在不同時期的反覆觀察。觀察間

出生年 觀察年	1994	1989	1984
2004	10	15	20
2009	15	20	25
2014	20		

→ 橫斷研究

↓

縱貫研究

圖2-4　橫斷研究與縱貫研究

隔可能是短暫的，例如出生後的立即觀察或間隔幾天再觀察；觀察間隔也可能是一段長時間，如**圖2-4**所示，若在2004、2009及2014年十年內，分三次重複觀察某組出生於1994、1989及1984年的兒童（此組兒童在三次觀察時年齡分別為十、十五及二十歲），此種研究設計是為縱貫研究。

縱貫研究的優點是在於使我們能對一組個體的發展歷程做追蹤式重複，並從中瞭解個體隨著年齡的成長而產生身心行為的變化。縱貫法很難完成，尤其是受試者必須參與涵蓋相當長的年齡階段，如兒童時期到成年期。在這個階段中，參試者可能退出研究，造成受試者的亡失（mortality）；也有可能是調查者失去經費，或對研究計畫失去興趣，或者實驗方法已落伍了，或者曾經是很重要的問題，現在已不再重要了，這些都可能是縱貫法難以繼續或完成的原因。

(四)族群輻合研究

族群輻合研究（the sequential design）乃是將上列橫斷和縱貫兩種設計方法合而為一的一種研究方法（Schaie, 1965）。參與者的各組受試者，叫作族群（cohort group），這些受試樣本是經抽樣過程選定的（參見**圖2-5**）。這些受試者在年齡上相差一定的歲數，吾人在2004年進行

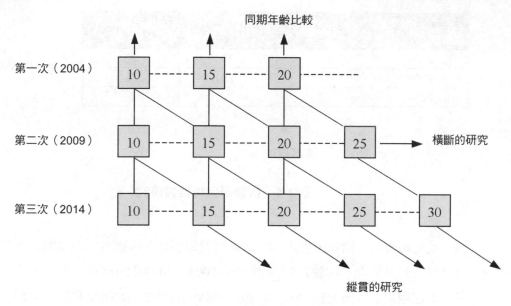

圖2-5　族群輻合研究

研究時，選取十歲（1994年出生）、十五歲（1989年出生），及二十歲
（1984年出生）的受試者，是為橫斷研究；然後每隔五年針對某一族群進
行訪談，直到十歲的成長到二十歲，此為縱貫研究；當某一族群的年齡超
過二十歲時則退出青少年研究，而再一次抽取新的族群（研究時剛好是十
歲）；到了2009年時，只剩下十五歲及二十歲組，因此研究者必須再抽
取十歲（1999年出生），此時才能構成第二組的十歲、十五歲及二十歲組
青少年，進行第二次的橫斷研究。研究數據中的2004年是十歲（1994年
出生）、2009年是十歲（1999年出生），還有2014年也是十歲（2004年出
生），這三組是同期年齡的比較。

　　族群輻合研究是橫斷比較和縱貫比較的聯合，它是一種非常強而有
力的發展研究方法。它不但可產生立即橫斷的比較，而且在五年或十年
之後也可以產生縱貫的比較，此外也可以有相同年齡的族群比較（cohort

comparison）。使用這種方法不僅可以瞭解年齡的成長改變，還可以瞭解社會和歷史的因素造成的差異。

發展的改變雖然千變萬化，但其研究方法仍是萬變不離其宗，所以仍是以橫斷研究和縱貫研究為基礎（張欣戊等，2001）。

二、常用的人類發展的研究方法

研究的方法有很多種，每一種皆有它的優點和缺點，所以研究者所選擇的任何研究方法或設計必須適合研究者所要研究的問題。社會行為研究的方法有許多不同的分類，任何一種都可用在人類發展的研究上。應用最廣泛的兩種分類為**質化**（qualitative）**研究**和**量化**（quantitative）**研究**。質化研究方法是針對非數據性的觀察、面談或是書面資料的分析，最具知名的為應用在深度（in-depth）訪談中，用以瞭解個體對解決問題的策略和認知思考，此種方法也適用於研究道德發展、人際關係的發展和社會行為等；而大部分人類發展的研究是運用量化研究，此種研究是針對數據的測量與分析。當然，這兩種分類方式並非是用來解釋研究設計的最好分類方法。以下介紹五種常用的人類發展的研究方法：

(一)觀察法

觀察法是研究者基於研究之目的，客觀地記錄個體在家庭或學校中的行為。這是一種研究個體發展最古老的方式之一。Piaget的認知理論就是他對自己孩子進行的自然觀察。現今有些觀察者也將此種方法應用到家庭、學校、托育中心或托兒所進行觀察；也有的觀察者請受試者在人為的實驗情境中進行觀察，以便進行人為控制。前者稱為**直接觀察法**，或**自然情境觀察**（natural setting observation）；後者稱為**控制觀察法**或**實驗情境觀察**（lab setting observation）。

觀察研究是在檢查各種有關的行為，其優點是：(1)能夠隨時獲得自然發生的反應；(2)可讓正在發生的實際行為啟發研究者瞭解為何產生。其缺點是：(1)究竟發生什麼行為，不同觀察者之間常常也難取得一致意見。因此當有兩個或兩個以上觀察者記錄同一情境時，為了證實他們的記錄是否具有一致性，我們還要評估其一致性的程度（degree of agreement），或進行評分者間信度的（integrator reliability）考驗；(2)有些環境中由於活動過於頻繁而很難全部予以精確觀察。因此，研究者必須掌握一些工具，如抽樣系統或錄影技術來幫助我們進行個體行為觀察。

錄影技術提供我們一個有效觀察的工具，它既適合實驗情境，也適合自然情境的觀察。另外一個抽樣系統可分為時間取樣與事件取樣。**時間取樣**（time sampling）是事先設定的時間內，以規律性間隔或隨機性間隔，觀察和記錄所選擇的行為，同時研究者要確定所有的觀察行為是否具有代表性，這是很重要的。研究者可決定時間間距（time interval），例如以15秒、30秒或1分鐘為單位，在這段時間以外所發生的行為和事件則不加以記錄。另一種方法是**事件取樣**（event sampling），它是以事件發生為重點，而時間取樣是以時間為重點，兩者之間的步驟和結果都大不相同。事件取樣只選擇某一特定事件作為記錄的對象。事件是指某特殊範圍的行為，例如兒童的攻擊行為或社會戲劇遊戲。當觀察這些特定行為時，我們必須先確定這些行為是否合乎操作型定義（operational definition），如果是，那麼就代表行為具有吾人想研究的屬性，再進行整個研究觀察與記錄。除了上述時間取樣法及事件取樣法外，觀察記錄法還可分為採樣記錄法、日記式記錄法、軼事記錄法、檢核表法及量表法等。

(二)實驗法

實驗法主要是讓研究人員可以推論獨立變項（independent variable）

與依變項（dependent variable）之間的因果關係。這是因為實驗法可以讓研究人員操弄（manipulate）、應用或引入獨立變項（或處遇變項），並觀察依變項的變化的研究設計。例如研究人員想要知道不同的壓力情境（獨立變項）是如何影響個體的適應行為（依變項），則可以用實驗設計來進行。

在實驗設計中，一組受試者通常會接受另一組不同的經驗或訊息，通常稱為處遇（treatment）。接受處遇的受試組稱為**實驗組**（experimental group）；而不接受處遇的受試組則為**控制組**（control group）。這兩組在接受任何處遇之前，分派到實驗組或控制組是根據隨機（即沒有順序、規則或形態的原則）選定（抽樣）及隨機分派的原則；換言之，各組的受試者在沒有接受處遇之前，假設他們之間是沒有差異的，之後這兩組行為上的差異就歸因於處遇的不同（這稱為組間控制，樣本為獨立）。另一種實驗設計則是只對一組受試者（沒有所謂實驗組及控制組之分），在接受處遇之前與之後，或在各處遇之間比較其行為的差異。這種處遇前後行為的差異是來自實驗處理的安排，這種設計稱為組內控制，樣本為相依。

實驗法的優點是具有解釋變項之間的因果關係，但其限制乃是在於控制的應用；換言之，我們不能確定在實驗室的人為控制情境如何應用到真實世界的自然情境。例如吾人把實驗控制的依附行為（母親是否在場或陌生人是否在場時，孩子的行為反應）應用到家中或教育機構時，孩子的行為可能會有所不同。

人類發展的許多研究是採用**準實驗法**（quasi-experimental method），也就是說，研究者也是依他們所感興趣的因果關係的研究或變項做研究，但他們並不實際操控它，例如對我們所抽取的樣本進行研究時，其本身即已包含了不同的家庭形態（例如單親或雙親家庭），或不同的父母教養態度（民主、權威或放任式的教養態度）對兒童、青少年或成人所造成的影響。

(三)調查與測驗法

　　調查研究主要的目的是探索變項其表面意義所隱含的事實，或描述變項在特定群體的分配，例如普查的研究就是以描述為目的。當研究者想瞭解全國兒童的生活狀況而進行調查即是一種普查行為，而且是以描述為目的。調查研究是從大量樣本蒐集特定的訊息，其方法可分問卷調查、電話訪談及親自訪談等。例如內政部對全國兒童進行家庭訪查，調查內容則是針對成人對待兒童的行為。調查的方法可以用來蒐集有關態度的訊息，如你認為老師可以對學生進行體罰嗎？或關於現有生活行為和習慣的訊息，如你每天可以自由運用的時間是多少？或是關於知覺的訊息，如你的父母如何與你溝通？

　　調查的問題可按標準形式準備好，對回答也按事先設定好的一系列類別進行登錄，這種方式是結構型的問卷，通常是以紙筆測驗方式進行。一份設計完善的調查問卷，問題陳述清楚，備有可選擇的答案，而且答案不是模稜兩可或內容重複。另外也可使用開放式的問題，讓受試者自由回答，再經研究者深度（in-depth）的探索（probing）以達到研究者的目的，這種問題及方式是屬於非結構式的問卷。也有結構式的問題加上非結構式的問題合併成為半結構式的問卷。如果是要讓受試者直接回答所研究調查的問題，受試者必須具備讀寫能力，否則研究者須讀出調查的問題讓受試者瞭解，以便他們能明確回答問題。調查法也可和觀察法合併，是讓研究者直接觀察受試者以得到研究問題的答案。

　　測驗法在形式上與調查法相似，通常是被設計來測量受試者某一種特殊的能力或行為特質，如智力、成就能力。以兒童為例，可利用一組標準化（standardize）的問題讓兒童作答，或以一些作業或工作（task）讓幼兒操作，從中評定幼兒的特質。測驗必須是可信和有效的。當對同一受試者的每次測量都能得到幾乎同樣的分數或診斷時，則此測驗是可信

的（reliable）；而所謂的測驗有信度的意義是指測量結果的誤差小（郭靜晃、徐蓮蔭譯，1997）。

(四)個案研究

個案研究是對個人、家庭或社會群體做更深入的描述，其目的是在描述特定的人或群體的行為，通常用於描述個體經歷或考察與理論預見不一致的現象。目前日漸趨之若鶩的質化研究也常應用此種研究設計。

個案研究可以各式各樣的訊息來源作為依據，包括訪談、治療過程的對話、長期觀察、工作記錄、信件、日記、回憶錄、歷史文獻等。

人類發展的研究也常使用個案研究方法，如心理分析學派大師Sigmund Freud曾用此方法澄清某些精神障礙疾病的起因；以及Anna Freud所做的個案研究，描述二次大戰期間生活在集中營裡的一群孤兒（社會群體）對彼此的依附，以及日後重返正常社會環境中，相互維持情感的策略；此外，Piaget對其女兒長期做觀察並透過訪談技巧，建立兒童的認知結構概念。

個案研究被批評為不太科學。因為個體無法代表大規模群體，而從一個案去概論（generalize）其他個體或群體時，必須更加小心謹慎。另外，個案研究也被批評缺乏可靠性，因為不同的研究者對同一受試者進行研究，也可能因事件本身或對事件的詮釋不同而造成相異的觀點。而符合科學觀察標準的個案研究必須有明確的研究目的和蒐集資料的系統方法，且同時有真實的記錄及令人信服的個案資料，才能建構人類發展的理論和實務。

(五)訪談法

訪談法也可以和上述的研究方法共同使用，主要是以與個案面對面的談話為依據。這個方法適用於個案研究，也適用於群體推論的研究。同

時，訪談法可以是結構式或開放式的口頭調查。應用到人類發展心理學的
研究時，研究者可將想得到的資料（基於研究目的）與父母、家中兒童
或保育機構面對面的溝通，以達到瞭解個體行為或進行個體行為矯治工
作。

　　一個人的回答極易受訪談者的影響。訪談者可利用微笑、點頭、皺
眉或看別處，故意或無意地表示贊成或不贊成，以與受訪者在建立親密關
係和影響回答之間保持一微妙的界限。

　　這五種研究發展心理學常用的方法及其優缺點，概要地列在**表2-1**。

表2-1　五種常用的人類發展研究方法的優缺點比較

方法	定義	優點	缺點
觀察法	行為的系統描述	記載不斷發展中的行為；獲得自然發生、沒有實驗干預的資料	耗費時間，需要仔細訓練觀察者；觀察者會干擾正常發生的事物
實驗法	將其他因素保持恆定，通常改變一些條件而控制其他條件，以分析其中的因果關係	可檢驗因果關係假設，可控制和分離特殊變項	實驗室的結果不一定適合其他環境；通常只注意單向因果關係模式
調查與測驗法	對大群體問一些標準化問題	可從大群體樣本中蒐集資料；不大要求訓練；使用非常靈活方便	修辭和呈現問題的方式會影響作答；回答可能與行為無密切關係；測驗可能不適合學校或臨床環境
個案研究法	對個人家庭或群體的深入描述	注重個人經驗的複雜性和獨特性	缺乏普遍性；其結果可能帶有調查者的偏見，難以重複
訪談法	面對面的交談，每個人都可充分闡明他（她）的觀點	提供複雜的第一手資料	易受訪談者個人成見的影響

資料來源：郭靜晃、吳幸玲譯（1994），頁27。

第三節　結語

　　人類行為與社會環境是心理發展與助人專業教育知能的一門重要基礎學科，評估人類行為需要多元分析架構，用以整合人類生命歷程中有關生物、心理及社會層面的知識與理論，以說明這些要素如何整合互動進而影響人類行為及其社會功能。

　　多元層面之行為評估不僅幫助助人專業者瞭解人類行為，同時也瞭解人在不同發展階段的發展任務。人類行為的研究橫跨不同學科，諸如生物學、醫學、社會學、心理學、諮商輔導、社會工作等等，近百年來已累積不少研究成果，內容相當豐富及精彩，這些成果要歸功於科學系統化的使用以及方法論的應用。換言之，所有的知識結果皆來自於科學系統化的觀察、實驗、調查等研究策略，人類行為的差異性更是不斷在理論所衍生之假設的驗證及研究對話下所產生，而非來自主觀的論述或意識型態下之毫無根據的臆測結果。科學之探究有別於哲學，瞭解人類行為必須仔細慎思、檢視、運用各種不同方法論，如利用觀察、訪談、實驗來診斷受試者，必要時更須利用精確（有信效度）之衡量工具，以作為問題行為之正確診斷，再透過客觀、有系統地資料蒐集及分析以呈現研究成果。

參考書目

一、中文部分

張欣戊等（2001）。《發展心理學》（第三版）。臺北：國立空中大學。

郭靜晃（2007）。《社會行為研究法》。臺北：洪葉文化。

郭靜晃、吳幸玲譯（1994）。《發展心理學——心理社會理論與實務》。臺北：揚智文化。

郭靜晃、徐蓮蔭譯（1997）。《家庭研究方法》。臺北：揚智文化。

二、英文部分

Allen-Meares, P. (1995). *Social Work with Children and Adolescents*. New York: Longman Publishers.

Ashford, J. B., LeCroy, C. W., & Lortie, K. L. (2001). *Human Behavior in the Social Environment: A Multidimensional Perspective* (2nd ed.), Belmont, CA: Wadsworth, a division of Thomas Learning, Inc.

Baer, B. L. & Federico, R. C. (1978). *Educating the Baccalaureate Social Worker*. Cambridge, Mass: Ballinger.

Baer. B. L. (1979). Developing a new curriculum for social work education. In F. Clark & M. Arkava (Eds.)., *The Pursuit of Competence in Social Work* (pp. 96-109). San Francisco, CA: Jossey-Bass.

Bandura, A. (1982). Self-efficacy mechanism in human agency. *American Psychologist, 37*: 122-147.

Brill, N. (1995). *Working with People* (5th ed.), White Plains, NY: Longman Publishing Group.

Erikson, E. H. (1963). *Childhood and Society* (2nd ed.), New York: Norton.

Goethals, G. R. & Frost, M. (1978). Value change and recall of earlier values. *Bulletin of Psychonomic Society, 11*: 73-74.

Havighurst, R. J. (1972). *Developmental Tasks and Education* (3rd ed.), New York: David McKay.

Kagel, J. D. & Cowger, C. (1984). Blaming the client: Implicit agenda in practice research? *Social Work, 29(4)*: 347-351.

Loewenber, F. M. (1977). *Fundamentals of Social Intervention*. New York: Columbia Press.

Mather, J. H. & Lager, P. B. (2000). *Child Welfare: A Unifying Model of Practice*. CA: Brooks/Cole Thomson Learning.

Messick, S. (1989). Meaning and values in test validation: The Science and ethics of assessment. *Educational Research, 18*: 5-11.

Monkman, M. & Allen-Meares, P. (1995). The TIE framework: A conceptual map for social work assessment. *Arete, 10*: 41-49.

Saleebey, D. (1992). *The Strengths Perspective in Social Work Practice*. New York: Longman.

Schaie, K. W. (1965). A general model for the study of developmental problems. *Psychological Bulletin, 64*: 92-107.

Shulman, L. (1981). *Identifying, Measuring, and Teaching Helping Skills*. New Work: Council on Social Work Education and the Canadian Association of Schools of Social Work.

Siporin, M. (1975). *Introduction to Social Work Practice*. New York: Macmillan.

Stuart, R. B. (1970). *Trick or Treatment*. Champaign, IL: Research Press.

Weick, A. (1986). The philosophical context of a health model of social work. *Social Casework, 67 (9)*: 551-559.

Weick, A. (1992). Building a strengths perspective for social work. In D. Saleebey (Ed.), *The Strengths Perspective in Social Work Practice* (pp. 18-26). New York: Longman.

White, R. W. (1974). Strategies of adaptation: An attempt as systematic description. In G. V. Coelho, D. A. Hamburg, & J. E. Adams (Eds.), *Coping and Adaptation* (pp. 47-68). New York: Basic Books.

Zastrow, C. (1982). *Introduction to Social Welfare Institutions: Social Problems, Services, and Current Issues*. Homewood, IL: Dorsey Press.

Chapter **3**

成年期

- 成年期的發展任務
- 成年期的心理危機
- 結語

人一生的壽命平均將達七十至八十歲，步入成年期是人生重要的轉捩點，在經過前面二十幾年準備，日後五十幾年中，人生才是開始。法律上的一些限定並不清楚何時開始為成年，隨文化之限定也有所不同，不過孔子曰：「三十而立，四十而不惑。」正確切的指出成年的概況。

瞭解成年期，用年齡來界定並不是很好的指標，雖然兒童及青少年用年齡來界定，乃因其早期發展比較穩定，及有系統及順序的變化。況且成人的發展受社會及歷史的影響很大，例如古時候十六歲就已成家，現在的族群則是求學、力求職業定向。還有受戰爭之影響，早期抗戰「十萬青年十萬軍」，多少青年在被號召之下成為保國衛民的漢子。

在發展的研究中，特別是成人發展的研究，年齡指標並不是很顯著重要的，相對地，瞭解時間有關以及不相關的歷程而導致年齡的變化，卻是重要的。一般成年期的年齡測量有四種：

1.生理年齡（biological age）：指一個人生理的發展與身體健康的程度。
2.心理年齡（psychological age）：指一個人心理的成熟度或心理社會階段。
3.社會年齡（social age）：指一個人經歷社會所定義的發展里程碑，如工作、結婚、成為父母。
4.知覺年齡（perceived age）：指一個人衡量其知覺的年齡，如覺得自己是年輕或年老等。

發展心理學的階段論者Buhler在1933年曾將成年期訂定約在二十二至四十五歲之間，認為在此年齡層之個體重點是追求實際且具體之目標，並在生活中建立工作與家庭。哈佛大學學者Levinson及其同事透過與不同年齡層的成年男性進行質性訪談，將成年時期勾勒八個發展階段，其核心是以生活架構（life structure）為概念，茲分述如下（Levinson, 1986）：

1. 十七至二十二歲：脫離青少年期，對成年的生活做初步的選擇。

2. 二十二至二十八歲：對感情、職業、友誼、價值觀及生活型態做初步的選擇。

3. 二十八至三十三歲：生活架構的改變，可能是小，也可能是大的，且會造成壓力與危機。

4. 三十三至四十歲：建立自己在社會中的立足點，為家庭及工作目標訂出時間表。

5. 四十至四十五歲：生活架構成為問題，通常讓人對生命的意義、方向和價值觀提出疑問，開始想表達自己的才能或期待。

6. 四十五至五十歲：重新選擇並建立新的生活架構，個人必須投入新的任務。

7. 五十至五十五歲：再進一步質疑或修改生活架構，以前未遇到危機的個體，現在可能開始有了危機。

8. 五十五至六十歲：建立新的生活架構，可能是人生中得到最大成就感之時。

Levinson的成人發展階段是建立在Erikson的心理社會發展階段論（成年期的親密vs.孤立），但Levinson強調個體對社會的關係，而Erikson則強調個人之內在發展。此外，Gould（1978）訪問了五百二十四位中等社經地位的男、女性，其認為成人發展有四個時期，分述如下：

1. 二十二至二十八歲：趨向自我認同，遠離父母控制。

2. 二十八至三十四歲：朝向個人目標努力，有時會質疑目標，並重新評量婚姻。

3. 三十五至四十三歲：深覺中年到來，生命是痛苦、困難、不確定的。

4. 四十三歲之後：改變個人生活，重新訂定生活風格。

Gould的理論是研究加州的男女性，而Levinson是研究美東男性，兩者的階段是平行的，研究的年代也相近，約在1970年代。

Guttmann（1975）的成人發展理論認為，成年男女之人格主要發展是做父母所必需（parental imperative）；也就是個體從早期具有的性別角色，在社會化歷程中形成其做父母的角色，不過這個理論在現代社會中可能較不重要。

成人發展階段有許多角色需要被建立，從過去青少年時的自我認同到此時期建立親密關係、組成家庭及工作生涯的追求，至少成年時要有經濟及獨立決策能力。在成人階段中，Elder（1975）所提的**生命歷程**（life course），係指個人在特定時段中與工作及家庭階段順序之排序的概念，這個概念可用於個人生活史的內容，將個人生活史融入社會和歷史的時間階段中。然而，從發展心理學的角度來看，個體的早期經驗都將影響現時的選擇，個人特點也將因而形成。所以生命歷程模式說明個體不僅對經驗的時間順序感興趣，而且還很關注成人努力於適應的不斷變化，而且變化有時是個體的角色相互衝突所造成的心理成長。

現今的社會對成人的規範相當清楚，成年期的成人角色任務大略可條列如下（洪貴貞譯，2003）：

1.選擇登對的伴侶。

2.學習與婚姻伴侶同居、共同理財或選擇事業。

3.建立家庭。

4.養育子女。

5.經營管理家庭。

6.拓展職業選擇。

7.行使公民責任。

8.參與個人有興趣的社團。

第一節　成年期的發展任務

一、身體發展

　　成年期的個體大多數在身體的敏捷、速度和肌肉強力可能達至巔峰，這一時期也是身體內外狀況最好的時期，但也有些人開始知覺身體有老化的特徵，如老花眼、長灰髮。

　　肌肉的強力在二十歲達至最高峰，視覺敏銳度和聽力則在三十歲開始下降，皮膚開始老化，眼角開始有小皺紋。體脂肪vs.肌肉的比率開始增加，動脈的改變也使得心臟流血量遞減，容易堆積血管脂肪。反應速率在二十多歲時達至最高峰，這也是運動員表現最好的時期。年過三十，個體反應開始變慢，也覺得年紀大了。

　　進入成年期時，個體的身體發展將隨年齡增長而減緩，再者個體可達到生理發展的顛峰，除了事故傷害外，個體此時是最健康的、體力也是最好的，是運動選手的黃金時期。尤其是肌力、速度和敏捷力，而且這時期也是女性最佳懷孕生子時期。

　　不過在這時期個體開始體重增加，而且會發胖，原因是個體體脂肪的增加（Haywood, 1986）以及基礎代謝率（basal metabolic rate）的影響，所以成年人如果要保持良好的體重標準，只有多運動及少吃一點來彌補基礎代謝率的降低。

　　成人的生活風格有時也會造成對個體生命及健康的威脅，此時期最大的生理威脅就是細胞病變——癌症，尤其是生殖系統。美國婦女每九位即有一位得到乳癌（Javroff, 1996），其次是皮膚癌；在臺灣年輕女性還是子宮癌與卵巢癌，男性則受睪丸癌的威脅。這些病症可以透過早期的自我檢查來做預防，而且早期發現也有很高的治癒率。其餘如酗酒、交通事

故、愛滋病和凶殺案等，也是造成成年人死亡及危及健康的很大威脅。

　　成年人比較容易碰到呼吸系統問題以及慢性健康問題，如脊椎或背部問題、聽力、關節炎或壓力過重，而這些問題皆與個人之健康習慣和個人生活型態息息相關。有益的健康習慣如定時用餐、少吃、多運動，拒用高脂和高糖的食物，避免抽菸和酗酒，以及適度的睡眠。除此之外，影響健康的另一個因素是壓力，壓力與各種疾病的關係很密切，如心臟病、高血壓等。

二、認知發展

　　依J. Piaget的認知理論，在青少年期之後已邁入認知發展的最高階段——形式運思能力，所以說來，在成年期之個體邏輯思考已發展成熟，包括具有抽象思考能力，有系統的形式運思及具邏輯觀，提升問題解決能力並發展統合能力，具有相對觀，可包容不同觀點。基本上，成年期的運思能力能跨越正式運思期，對人生處理各種事件的手段可深入瞭解，並且成年人亦抱持比較務實的態度（方圓之手段），不像青少年那般強調邏輯取向（方方正正，有稜有角），因而也讓成年人能夠在思考上更具彈性及多樣性（Bornstein & Schuster, 1992）；換言之，成年人隨著年齡與能力的增長，在形式運思上的思考本質產生了改變。

　　就Piaget的理論而言，當個體到達青春期，便開始發展形式運思能力，但較嚴重地，甚至有些人根本未達正式運思階段。有研究顯示，大約只有60%至75%的青少年可以解決正式運思問題（Neimark, 1975），而且只有不到30%的成年人可成功地進入正式運思期的最高階段（Kuhn, Kohlberg, Langer, & Haan, 1977），可能的因素是遺傳或童年未有適當的文化及教育刺激。

　　根據長期的縱貫研究及橫斷觀察法，Kitchener及King（1989）認為，

在正式運思期之後，個體的思考模式已有質的提升。正式運思期之後個體的事實判斷是依不同情境，合情合理考量現實情境來加以判斷。Kitchener及King（1989）也將個體的判斷思考分為七階段過程，不過具體年齡層的劃分有其困難度：

1. 階段一：善惡道德的存在是具體且絕對的，真理只有一個，能解決的方式也只有一個。真理可透過直接觀察獲得，信仰與真理密切關聯。
2. 階段二：善惡標準是絕對存在的，只是不能馬上看到。所有的事實、知識可透過觀察及權威指點獲得，而信仰的來源取決於權威。
3. 階段三：善惡標準有一部分是可以予以肯定的，也有些可能是暫時不確定的。任何一種不確定，可以透過直覺或偏見的補救，直到真理出現為止。
4. 階段四：善惡標準是不確定的，尤其情勢之所逼或情況前後不一致，個體个一定瞭解全部真相，一個人會依其信仰將證據合理化，不過選擇證據也可能受個體之主觀、偏見所左右。
5. 階段五：所有善惡之定奪來自個體對主觀情境的判斷，個人依自己的世界觀來詮釋外界，個人的信仰也依靠文化情境的脈絡所形塑，個體的信仰也會與其他信仰相對立，甚至產生衝突。
6. 階段六：個體依主觀的判斷與客觀的意見，針對爭議的行為做一綜合評判，依不同的佐證、意見及生活的價值來進行判斷。
7. 階段七：善惡與真相的判斷。此階段通常是綜合理性的探究思考，及以主觀上合情合理解決的方法為依據。真理信仰是建立在足夠的認證下，或是在全盤科學客觀的探究瞭解下所做的決定。

就發展的觀點，成人判斷式的思考是從絕對論到相對論，最後到辯證論。成人的思考是由絕對的觀點評論個人的看法及事實，到追求道德真

相，是持續不斷的、永不停止的過程。這種正式運思期之後的判斷及道德思考行為，是透過學習及歷練的過程，來達到圓融的境界。

三、道德發展

Kohlberg之成規後期的道德判斷與推理在成年期開始成形。依Kohlberg（1984）指出，大部分三十歲的成年人仍處於成規期的層次（conventional level），但這些人中有六分之一至八分之一已進入成規後期的道德推理。換言之，這些人的道德判斷是瞭解法律之規範，而且能夠分辨合理正義及不合理的法規（參見**專欄3-1**）。

專欄3-1
Kohlberg的道德發展理論

Kohlberg的道德發展理論與架構大概最具實徵研究之基礎，而且深獲學術界的推崇，並引發後繼不少的科學實徵研究及方案落實推動。然而，後續研究者也批判Kohlberg之論述至少存在兩種偏見——文化與性別的偏見，例如Kohlberg所假設序階六的最高階段或成規後期的推理，只是成年時期的道德發展掙扎於道德推理與社會習俗之間的差異。**社會習俗**（social convention）是指由社會系統所確定並適用於特殊社會情境的一種生活型態。違反社會習俗可能是無禮的表現，但並不一定是沒有道德的。道德問題不是由社會情境所調節，而是由潛在的對他人公正的關心原則所確定的；而支配道德行為的原則並不隨環境或情境的變化而有所不同。所以說，成年期道德判斷的種種混亂，可能反映他們對社會習俗規則的不確定；由於成年期使得他們得扮演更多不同的新角色及介入更複雜的社會情境，如果他們對這些情

境的社會期望夠瞭解，將更使得他們對道德判斷產生混淆。

此外，成年期的道德判斷也在於**禁忌的道德判斷**（prohibitive moral judgment）及**利社會的道德判斷**（prosocial moral judgment）之間的差異。前者係指一種為達到某種目標而違反法律或承諾的抉擇，例如在Kohlberg的研究中，海恩斯因偷藥而陷於道德兩難，他為了挽救他妻子的生命，就不得不到藥店偷藥而違反道德的禁忌；後者係指做有益於別人的事與滿足自己需要之間的衝突。例如冒著耽誤個人非常重要的工作機會，而停下來幫助一個在高速公路發生汽車故障的人。

成年人對社會問題較之禁忌問題，似乎較能靈活地思考。涉及同情與關心他人幸福的道德抉擇，要比有關需要違反法律的道德選擇，更傾向於採用更高層次的道德推理（Eisenberg & Strayer, 1987），尤其女性比男性有更高的道德情感。Carol Gilligan（1982）認為，女性是憑藉對問題的背景有更高的敏感性和強烈的關懷情感為基礎，而男性則傾向於從一種較深遠的、抽象的角度看待道德問題。男性的道德判斷訴諸於責任、公正及對權力的尊重，而女性則較訴諸於人性關懷及情感。Gilligan更認為可能因社會化經驗而導致性別之差異，因此衍生Kohlberg的男性主義觀點，認為女性在道德發展上比男性落後。通常男性已發展到Kohlberg第四層次的道德判斷，而女性只發展到Kohlberg第三層次的道德判斷。Gilligan提出是社會化的教導造成此種差異，通常社會化之經驗教導男性要有主張、獨立及強調成就，如此造成男性視道德兩難為不同利益團體的衝突所致；對女性而言則剛好相反，因為她們被期待要關心他人福祉，同理他人，所以她們視道德兩難為他人需求與個人需求間衝突的結果。所以，男性的道德判斷以公義為觀點，而女性則強調對他人關懷的觀點。

　　如同Kitchener和King（1989）所認為，個體反應式的判斷（reflective judgments）是前進的、向上提升的，甚至Kohlberg強調社會歷練的重要性，個體的發展歷練促使人們欣賞別人的觀點，並體認自己是社會秩序中不可分離的一個部分，而道德規範是人與人之間所達成的共識。然而，個體與不同觀點的人來往，也會附帶認知上的同化與認知失衡，也因此激發起衝突，而衝突也藉此震盪出新思維。個體位於多元複雜的社會環境，需要與不同的人人際互動，就如同我們與同事、朋友相互學習交流，建議與回饋不同的議題，如此一來，我們更瞭解不同社群間的宗旨及目標之差異，而法規是民主社會中公民集合多元異言之共識，並經由立法審核程序來形成社會規範及律法。

　　反映西方社會理念中的正義，而忽視其文化與價值；東方社會重視集體主義（collectivism），講求社會和諧，這些在文化模式下引以為道德習俗的人，便成為Kohlberg理論中古板的道德思考者，但卻是非西方社會（如印度、藏族文化、阿拉伯文化）中被認為具有高度正義感及有作為的人（Snarey, 1985）。這原因或許從西方的觀點很難理解宗教價值（如對神、貞操、階層制度的虔敬），但這些價值背後卻蘊含著高階的道德標準及觀點。

　　對Kohlberg理論常見之批判有五點（Snarey, 1985），分述如下：

1. Kohlberg的研究最主要是針對美國中產階級男性所做的深度訪談來歸納他的理論建構，此種建構是否具有文化及性別之普同性。

2. Kohlberg道德兩難的故事情境，並不是解釋兒童、青少年及大學生或成人所處的日常生活情境。

3. Kohlberg詮釋他的研究對象的回應可能使他的結論有所偏頗（Flavell, 1992），尤其在多元文化族群的應用上。

4. Kohlberg的理論多半著墨於人類理性與認知層次，忽略了人類是情感的動物且具有惻隱之心，道德具有認知判斷、情感與行為，所

有道德並非全由Kohlberg所述是依認知步驟逐步推理衍生出來的。

5. Kohlberg的理論反映的是「男性中心偏見」。Kohlberg和Piaget一樣，認為自主性是道德發展的最高境界，客觀性勝過主觀性。然而，Gilligan並不以為然，Gilligan假設婦女發展獨特的女性道德取向（feminine orientation），女性多半是由「責任以及照顧、關懷」的觀點來做道德考量，而不是如男性般以「某項權利邏輯上的可成立性」來思考道德兩難問題（Gilligan, 1982）。女性較考量到所有關係人真實影響之實然面，而不是邏輯上的應然面（程小危，1995：434）。據此，Gilligan歸納出女性道德發展歷程——從「求生存」到「追求犧牲自我就是好（goodness）」，以致歸結出「非暴力或不傷害（nonviolence, against hurting）的原則」。Gilligan對女性道德研究總結認為，男性自小即被培養成為獨立的、積極的，並以成就為導向的個體；而女性通常被教養（或期望）成為有愛心及同理心，甚至被要求「無才便是德」，且論及婦女的美德端賴女性是否為別人設身處地著想而定。

除了文化與性別之批判以外，Kohlberg論述的最大批判是道德判斷與實際付諸行動之關係。在經過著名的米爾格倫實驗（Milgram Experiment）的例子之後，Kohlberg也改變他原先之思維，同意推理與行動是兩個獨立事件（郭靜晃，2006：165）。

四、社會與情緒發展

成年期的重要心理社會發展課題是建立親密感，依Erikson的心理社會理論，成年期處於**親密vs.孤立**（intimacy vs. isolation）的階段。然而親密關係的建立並不一定都循著合乎邏輯或性別刻板化（男性重權勢、輕溝通；女性則重人際關係與溝通）的方向走，故社工專業人員在服務成年案

主時，要具備多元文化觀點，尤其要瞭解不同案主的溝通方式及對親密需求的期待。成年期是開始建立個人親密關係的開始，此種關係是指個體能與他人分享真實且深刻的自我，換言之，也就是一種自我揭露（self-disclosure）。Carol Gilligan（1982）的研究即發現，對男性而言，認同先於親密；而對女性而言，兩者可同時產生、互存；也就是說，女性可從與他人發展親密關係而形成自我認同。Gilligan相信男性較在乎公平與正義，而女性則較注重關係與關懷，所以從公平與關懷來瞭解兩性，將有助於我們瞭解成人的工作與家庭生活。孤立是與親密相對的情境，即欠缺與他人建立關係的能力，同時他人也無從瞭解他。以下探討如何透過認同建立親密感。

(一)喜歡與愛

愛情與喜歡不僅只在程度不同，其關心的焦點也不同，**喜歡**（like）的要素在生理吸引（physical attractiveness）、時空相近（proximity）、相似性（similarity）及互補性（complementarity）；而**愛**（love）之要素則是關心（care）、依附（attachment）、親密（intimacy）及承諾（commitment）。成年時最常存在的情緒是愛情，除了建立彼此有意義的關係，也可能延續到結婚，組成家庭。

Robert Solomon（1988）認為浪漫式的愛情有三個特質：(1)在動機上是有意涵的；(2)它是自然發生且出於自願，並非個體所能控制的；(3)在同儕之間才會產生的反應。而Hatfield及Walster（1985）也提出愛的迷思：(1)個體知道自己在戀愛；(2)當愛情來的時候，個體無法控制它；(3)愛情是完全正向的經驗；(4)真愛會永遠存在；(5)愛情可以克服一切。

Sternberg的**愛情三角理論**（triangular theory of love, 1988）指出，愛情包含三種元素：親密、熱情和承諾。該理論所指的**親密**是互動關係中所分享的溫馨與親近；**熱情**是在愛情關係中所存在的一種強烈情緒（涵蓋

正、負面情緒），包括性的慾望；而**承諾**則是指不論遇到任何困難仍保存兩人關係的決定與意圖。這三者組合可以形成八種模式，分述如下：

1. 沒有愛情（non love）：指三種要素皆不存在，只有一般的互動關係。

2. 喜歡（liking）：只有親密成分。

3. 迷戀（infatuation）：只有熱情成分。

4. 空洞的愛（empty love）：只有承諾的成分。

5. 虛幻的愛（fatuous love）：熱情與承諾的組合，例如一對戀人很快墜入愛河並決定結合。

6. 浪漫的愛（romatic love）：是親密與熱情的組合，沉醉於浪漫愛情的戀人對彼此擁有許多熱情；但沒有承諾，浪漫的愛可能始於迷戀，一般平均為三十個月。

7. 伴侶的愛（companionate love）：是親密與承諾的結合，這是最傳統且持久的婚姻關係，大多數熱情已不存在，只有生活與以孩子為目標。

8. 無上的愛（consummate love）：是親密、承諾與熱情的結合，是一種圓滿、完美的愛，但這種關係很難存在。

喜歡是個人表達對他人情感的連續，尤其對青春期的青少年，喜歡是兩人之間相互吸引的形式，主要是受友誼之間的和諧溝通（persisting compatible communication）所影響。兒童隨著自我的認識與認同之後，而逐漸對同伴透過生理吸引、時空的接近、相似性及需求互補之社會互動，而萌生對他人有著親切的感覺（feeling of tender），這也是個人瞭解他人內在生活之覺察（awareness）（又稱為同理心），如此一來，彼此之間便成為膩友、死黨（chum）。尤其對同性別青少年而言是非常普遍的，而且對他們而言，此一情感需求是很重要的，它可使青少年信任他人

的感受，對別人親近並接受別人善意的干涉與批評。

隨著個人成長，兒童從自戀（narcissist）到關心他人，尤其對同性別的幫團（crowds or cliques），他們聚集在一起，從共享活動、注重相似的外表及共享內心的價值與態度。之後，個人由自我中心（ego centric）逐漸學習與別人分享內在的感覺、概念與心情，而進展為多層利他性（altruistic），此時個人不再個人化而是具有人性化。

當兩人關係透過接觸、溝通、相互致意，從陌生到熟識，從相知到相惜，從意見不合到和諧圓融，從肉體的情慾而產生心靈之契合，如此一來，兩人即產生共同的愛慕之情，甚至可以結婚、組成家庭。這個過程可由社會交換理論、浪漫與成熟之愛、愛情色彩理論、愛情三角理論、愛情依附理論等做分類。歸納愛情具有一些共同因素，如對對方之關懷、激情、依戀及承諾等。

正如Farber在1980年指出夫妻之愛（conjugal love）應具有下列三項因素：(1)內在思考及情感的分享，也就是建立彼此之親密感；(2)建立自我認同，這是一種融合於人格，成就彼此之間的信任、相互影響及改變行為；(3)彼此之間的承諾。

Abraham Maslow（1962）將愛分為**缺陷的愛**（deficiency love）及**完整的愛**（being love）。缺陷的愛是自私的，可以滿足個人之需求，通常缺乏自我認同的人常將愛看成是獲得，而不是給予，並將愛的人當成物品（object）。例如男人愛女人只為了性或為了滿足其男性的自尊，此種男人希望女人為他煮飯、洗衣、滿足其性慾：而女人為了金錢、需求或依賴而去愛男人。這種愛不會幫助個人成長及發展更深固的自我認同。通常男人指女人是他的好太太，而女人指男人很顧家，他們彼此之間很少有交集，而以角色、物體或功能來維繫彼此之關係。完整的愛是一種不求回饋的愛，彼此雙方不是盲目的吸引或愛，而是相互瞭解、信任；它可以使個人成長與成熟。父母對子女的愛更是完整的愛的代表，它也包含了個人的

情緒，例如憤怒、厭煩、害怕、驚奇的感覺以及感情和知識。

愛與被愛總是令人興奮的，尤其愛是透過社會化經由學習過程而來。然而，愛也有其障礙，茲分述如下：

1. 視人為物品：當將人視為物品或他人的附屬品時，那麼你我之間的關係將變成我與它的關係。尤其是資本社會講求功利、現實，將愛人視為物品，也隱含著不尊重，人與人之間的關係也變成非人性化。

2. 隱藏的禁忌：不能控制自己的情緒、衝動，將使我愛你變成我恨你；而不瞭解自己，未能獲得自我認同又如何愛人；不能尊敬別人又如何能愛別人。

3. 傳統的兩性角色：傳統的兩性角色教導男人要勇敢，隱藏情感，不能輕易示愛；而女性要情緒化、溫柔並依賴男人而成「男主外，女主內」。此種障礙會影響兩性在情感或性交流時產生困難，並造成兩人之間的疏離。唯有透過自我肯定，坦誠溝通並達成自我坦露，兩人關係才能獲得改善。

(二)妒忌

妒忌（jealous）也和愛一樣，不是與生俱有的行為，而是個人透過社會化過程而來。雖然，大多數的人可能認為妒忌是一件不好的事，非理性，甚至不應擁有；但妒忌其實只是一不愉快的感情，夾雜著怨恨、生氣、害怕、沒有安全感、不信任或痛苦之感覺。就因為妒忌有著惱人的影響，因此我們皆想要避免或去除妒忌。然而，無論我們傾向妒忌與否，都可能常使用它，甚至在不知不覺中表達此種情感。

心理學家Barbara Harris在1976年指出妒忌也有其價值，她認為妒忌是負反應的信號或症狀。正如痛苦提醒吾人身體上出現問題，並要我們注意或做某些行為來避免痛苦（如驅力與驅力降低理論）；而妒忌也是一

樣，代表吾人心中有了壓力，或許是來自潛意識，抑或來自意識中你所不想面對的事。因此，當個人面臨此種情況，最重要的不是吾人是否知道我們正在妒忌，而是是否我們能發現為何我們在妒忌，進而要如何以對。以往我們會將社會化的經驗（如所接受的傳統規範）用來處理妒忌的情形，而且通常是負面大於正面，例如對外遇的處理。當個人面臨外遇時，妒忌將令人感受即將面臨失去你所愛的人。不管男女雙方皆害怕伴侶和別人在一起，除了懷疑性關係的不滿足之外，通常女性比男性更易受威脅，因為女性常懷疑自己是否較對手來得不具吸引力（attractiveness）。

妒忌的反應有時合乎理性，有時不合乎理性。合理的反應主要是因個人的主權（控制）受到威脅而引起妒忌的反應，此種反應是被遺棄、被迫的。此外，妒忌有時也在不合乎理性之下運作，例如當某人的伴侶和一位異性朋友共進午餐，某人因害怕伴侶會離他而去，雖然意識上知道他們僅是朋友關係，但某人已受到威脅而產生妒忌，這種不合乎理性的態度值得我們探討與深思。你不妨回答下列幾個問題：

1.你是否信任你的另一半？
2.你相信你的伴侶所告訴你的話或情節嗎？
3.你是否將你的感受投射給你的伴侶？
4.你是否感受到沒有安全感而責怪他？

如果你的回答是多數情形皆會，那你大約已陷入不合理的妒忌情感中。吾人為何如此害怕妒忌呢？因為我們皆依賴所愛的人，而且人類是分工的，人的生活愈來愈不獨立，而因為害怕失去依賴，可能增加你對失去伴侶的恐懼。

在我們瞭解妒忌之後，接下來，吾人要如何面對我們妒忌的情感呢？

筆者認為事先瞭解自己為何妒忌，並清楚哪些方式或行為會令你

感到妒忌，才能面對它。妒忌基本上是一「三人行」的人際問題，絕對不是單方面個人的問題，同時你也不能指著你的另一半說「那是你的問題」。最理想的方法是三人一起處理，共同負責，以降低負面的影響。以下有幾個減緩妒忌的方法供各位參考：

1.在認知上，個人必須瞭解你為何妒忌，以及導致你妒忌的想法或知覺。在瞭解你的妒忌是理性或非理性之後，你才能預知這種結果是否會帶給你威脅、害怕或沒有安全感。
2.要誠實、自我坦露面對你的感覺，而且個人要確信你與被妒忌的人的關係是不具威脅性及安全的。
3.要有自信，因為妒忌反映的是自己缺乏自信及沒有安全感。

(三)孤獨與寂寞

不是所有人皆能獲得滿意的情感、友誼或浪漫關係，仍有不少人面臨孤寂的經驗。Rubenstein及Shaver（1982）研究指出，青少年與成年人是最會感到寂寞的兩個群體，不過隨著年齡增長，此種感受會遞減。**寂寞**（loneliness）也是一種主觀的感受，它與社會孤立感有關，有時會伴隨無助感及無望感。寂寞最佳的定義是少於期望（desired）中所能擁有的人際關係，或指沒有從期望人際互動中獲得滿意的關係，因此寂寞並不等於獨處。協助因應寂寞的方案很多，大多採取理性情緒治療法的認知重建，或改變負面的自我對話，以及教導個案降低焦慮感。Young（1982）提出了各種導致寂寞感的認知和負面自我對話的因素，以及衍生的六種後續行為（參見**表**3-1）。

(四)生涯選擇

職業的選擇確定了成年早期生活方式（life style）的基礎，勞動工作占據成人大多數的時間，包括活動量、身體與精神能量的耗損、現時與長

表3-1　導致寂寞的認知與行為

認知叢集	行為
我不受歡迎 我是很笨、很無趣的人	逃避友誼關係
我無法與人溝通 我的思想及感覺都很空洞貧乏	自我揭露意願低落
我不是個好的戀人 我無法放鬆並享受性關係	逃避性關係
我似乎無法從這個關係中得到我想要的	在關係中缺乏獨斷性
我不想再冒被傷害的危險 我對每個關係都處理不好	規避可能的親密關係
我不知道在這種情況下該如何表現 我會出洋相的	躲避其他人

資料來源：Young (1982).

期獎賞的條件。工作帶給個人身分及職業，而職業身分授予個人社會地位，並給予種種不同的發展機會。此外，職業身分也反映了個人之價值系統的象徵，而生涯抉擇更是成年期社會發展的一項重要任務。

　　雖然許多人在成年期之前就有打工經驗，甚至有些人在青少年期之前已有一些正式工作的經驗，然而打工與正式工作經驗是處於不同社會化之基礎，打工通常是以金錢作為交換，鮮少需要太多技術性的工作技巧。

　　如圖3-1所示，生涯選擇的過程受到六個因素之影響：個人、心理、社會／情緒、社會經濟、情境、家庭及社會。這些因素也受到性別角色的社會化所影響，而這些因素中的個人因素，諸如能力、興趣、態度和自我期望，最影響其個人的生涯選擇；此外，家庭、社會和經濟因素對生涯選擇之影響最小（O'Neil et al., 1980）。

　　影響生涯抉擇其中一個重要因素是**教育**，職業的晉升及相對的收入與學歷有密切相關。以往學校之經驗，如上大學及有專業的訓練對日後的

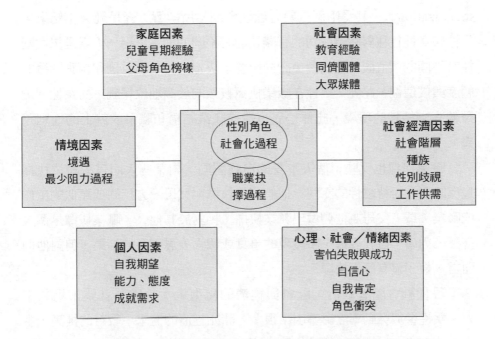

圖3-1　影響性別角色社會化和職業抉擇過程的因素

資料來源：O'Neil et al. (1980).

高收入及較穩定的工作有關（Hubner-Funk, 1983），但現在則要求具有碩士學位及職業證照。生涯發展似乎有兩個階段，前一個階段是抱著一種像唐吉訶德式（騎士化）的探索，他們選擇任何一種可能工作之機會，騎驢找馬，對工作也沒有長期投入的意圖，也常表現出反覆無常的工作作為。大多數這類工作也不太需要太多訓練，例如超商或速食店的工作。青年一旦賺足能滿足需求的錢，便會辭退工作，然後一直失業，直到他們又需要錢為止。到了二十多歲，隨著對工作的態度愈來愈嚴肅，他們便開始尋求一份好工作，比較在乎工作績效及表現，隨著時間的推移，他們對工作的態度也會變成一種承諾。

　　另外一個影響生涯抉擇的重要社會因素是**性別角色社會化**（sex-role

socialization），其受兩個重要心理社會因素所影響：一是社會化結果，男性與女性往往對職業成功的有關技能有不同的期望；另一因素是男女兩性有不同的價值觀。性別角色認同影響了決定人的生涯目標和相應選擇的態度與價值觀，此外，男性在職業抉擇較傾向於高地位報酬，而女性則選擇較高支持性的環境，此種差異也造成職業結構和職業成就上的性別差異。

職業抉擇也反映了個人本身的自我認同，對某些人而言，職業抉擇是反映對父母持續性的認同，他們可能抉擇與父母一方相同或類似的工作或職業，或者父母為他們做出職業抉擇。相對於其他人，職業抉擇是個人嘗試、內省、自我評價、所發現的事實或個人省思洞察的結果，但對他們而言，幾乎沒有個人抉擇。

現代社會隨著政治、社會與經濟的轉型，女性成為就業市場的主力。女性參與勞動率之影響因素很多，諸如經濟的需求、教育的提高、生育率的下降，以及人口統計趨勢的改變、產業結構及需求的改變，以及托兒及托老等家庭照顧需求的滿足等，皆足以影響婦女是否外出就業。就整體環境而言，女性投入工作市場，造成社會經濟力的提升，但是女性在家庭中的角色與期望，並未因家庭經濟力提升而減少，而男性也不會因女性出外工作回家時幫忙家務。相對地，女性不再是以傳統的單一角色自居，除了扮演職業婦女角色外，同時亦扮演母親、太太、媳婦、朋友、同事等多重角色，於是女性陷入家庭、職業、人際關係等多重角色的壓力困境中。單驥（1998）在婦女國事會議中，曾引用聯合國的一些調查統計資料，這些資料顯示，全世界大約有二分之一的婦女，她們的工作時間占全世界工時的三分之二，收入是世界總收入的十分之一，而財產占全世界資產的1%。

女性工作角色的性質，對家庭生活品質、個人幸福感、企業生產力，以及社會的安定繁榮皆有影響，所以國家政策及企業宜加以考量有關

家庭取向的人事政策（張惠芬、郭妙雪譯，1998；郭靜晃，2001），包括：

1. 彈性工時：除了朝九晚五的上班時間，政府或企業可以配合彈性工時及非全職工作來幫助女性員工協調工作與家庭的角色。

2. 親職假：女性員工除了六至八星期（公務員六週，勞工八週）的產假之外，親職假（parental leave）係指提供三個月的無給假，並保證回來工作職場時給予相當請假前的工作待遇與職位。

3. 兒童及老人托育：臺灣地區婦女就業雖有增加，約為51%，仍比不上工業國家，有近40%的職業婦女因工作關係不能親自照顧子女。臺灣之幼兒托育提供率約為三成，可見社會支持系統明顯不足。所以幼兒托育除了量的增加外，還有確保托育之品質也是職業婦女在選擇兒童替代照顧時第一個考量的因素。此外，托老機構的不足及照護品質，也是婦女選擇重返職場時的一個考慮因素。

4. 彈性福利方案：員工福利也是個人工作所得。在國外，員工福利平均約占平常薪資所得的37%以上（Alex, 1985），因此員工福利對僱主及員工皆有很大的影響。傳統的員工福利包括公／勞保、健保、退休金、有給假期和病假，或生命或健康保險等。彈性福利方案是讓員工依據個人之需求來選擇福利方案，例如雙生涯家庭（dual-career families），由於夫妻的公司皆有提供健康保險，如果二人同時接受，恐有資源重複之虞，因此其中一人可以放棄健康保險，而交換同等利益之福利方案。此種措施个但對不同家庭狀況之員工比較公平，而且也可以協助企業控制成本。

5. 諮商及教育方案：企業可以提供一些方案來因應某些工作／家庭問題，例如應付工作不確定之因素，增加自己的專業能力，幫助親職功能，協調工作和家庭責任，減輕工作壓力和財務管理技巧等，也

是利用經濟的方式來協助員工協調工作與家庭之雙重角色，以避免因角色衝突而衍生了工作或家庭的壓力。

第二節　成年期的心理危機

一、成年期的心理危險因素

(一)孤立

建立親密感是一種積極的過程，亦是Erikson心理社會理論中所言青年期的重要發展任務。親密被定義為能夠為另外一個人感受一種開放、支持、關心的關係，同時又不擔心在互動過程中失去自我的個性。親密意味著能夠相互體諒，互相約束需求，且能從他人中獲得快樂與滿足。相對地，不能獲得親密所顯現的心理社會危機就是孤立（isolation）。

成年初期危機的另一個極端是「孤立」。與其他消極極端一樣，大多數人都有過一段對這種極端的體驗。自我發展愈成熟，其界限就愈分明。個性和獨立性這種文化價值的一個副產品是一種突出的與他人的區別感。

據估計，有25%的成人會在某個月中特別感到極其孤單（Weiss, 1974）。孤單感可分為三類（Meer, 1985; Berg & Peplau, 1982）：

1. 暫時性的（transient）：指孤單持續很短一段時間就過去了，就像你聽到一首歌或看到一種表情而使你想起某個遠離身邊的心上人。
2. 情境性的（situational）：指孤單會伴隨著情境突發的喪失，或初到一個新的環境所引發。
3. 經常性的（chronic）：孤單者可能有與常人一樣多的社會接觸，但

　　是在這些互動中沒能獲得所期望的親密感。

　　社交技能和孤獨之間似乎關係很密切。與人交友、溝通技能、非言語行為的分寸、對他人做出恰當反應等社交技能高的人，有比較恰如其分的社會支持系統，且孤單感要低些（Sarason et al., 1985）。

　　有一致的證據顯示，男人的互動方式不如女人那麼親密（Carli, 1989）。男人一般顯得競爭性更強，呼應性較差，自我揭露性較低。但是，自我揭露性低對女性來說意味著比較孤單，而對男性來說卻不是這樣。男性和女性親密互動方面的能力似乎相同，但是男性不願在同性互動中施展這種技能。女性認為親密對於同性和異性關係都較合適，而男性只傾向於與女性進行親密互動。

　　在比較男性、女性各自的親密關係時，男性在親密性上的得分比女性低；涉及男性的關係給人的親密感比涉及女性的關係低。研究發現，通常丈夫相較於妻子在婚姻中同理心的程度及伴侶關係可能較為滿意（Scanzoni & Scanzoni, 1981）。對這一發現有幾種解釋：也許在婚姻情感理解方面，男人的期望比女人要低；也許女性的社會化的確使得女人比男人更善解人意。

　　這種與他人親近的可能性，嚴重威脅著一些年輕人的自我意識。他們以為親密關係會使自己的認同模糊不清，因此他們不能與人建立親密關係。感到孤立的人必然繼續在他們和別人之間設立障礙，以保持他們的自我感覺完好無損。他們脆弱的自我感覺是經年累月的童年經歷所造成的，這些經歷阻礙了個人認同的發展，自我認同變得死板、脆弱，或十分混淆。自我認同單薄纖弱，就要求一個人不斷地提醒自己他是誰。他們不會允許他們的認同去自行其是，從而使自己消失在其他人之中，哪怕只是暫時的消失。他們整天忙於保持自己的認同，或者極力消除困惑，從而無力獲得親密感。

孤立也可能因情境性因素而產生。一個年輕男子去了戰場，回來後發現家鄉的「意中人」已嫁他人，或者一位婦女拋下婚姻想去學醫，這些人都會發現自己處於親密願望無法滿足的情境之中。儘管我們可以說，這些孤單者應更加努力地去結交新人或發展新的社交技巧，但是孤獨感很可能影響人們去採用更積極的因應策略（Peplau, Russell, & Heim, 1979）。

孤立還可能是興趣或活動領域分歧的結果。例如傳統婚姻中男人和女人的角色和活動都不一樣，以這種生活領域相區分為特點的婚姻，有時被稱為「他和她」的婚姻（Bernard, 1972）。妻子多數日子是待在家裡，與孩子或鄰居的妻子來往；丈夫則整天不在家，與同事在一起。夫妻倆有時也是各自有不同嗜好：女人喜歡逛街，男人喜歡玩線上遊戲，年長日久，雙方的共同點愈來愈少。孤立呈現在他們缺乏相互之間的理解，缺乏對各自生活目標及需要的支持。

專欄3-2　增加同儕間的「感情共鳴」

獲得親密感須有一個重要的過程，即同儕間的「感情共鳴」。兩個年輕人必須帶著相等的優勢和資本進入關係。親密感是建立在能否滿足彼此的需要、接受對方的弱點的基礎之上。一方想依賴時，另一方就得堅強、支撐得住；換個時候，角色就可能正好反過來。伴侶雙方都明白，對方有能力建立多種關係。承諾的作用是促使一對夫妻不時地以各種方式滿足彼此的需要，而不是建立一種靜止的、單一的關係。事實上，感情共鳴將吸引著一對伴侶，在彼此支持的過程中，雙方的所作所為都是以他們單獨一個人時不會採用的方式進行的。

我們已用過感情共鳴來描述嬰兒期基本信任感的發展。在那種情形裡，資源、經驗和力量的分配很不均勻，只有在照顧者願意關心

嬰兒的冷暖時，才可能有相互的共鳴。經過照顧者的不斷努力，孩子們最後學會了約束他們的需要以適合家庭模式。但是，並不能指望處於這一階段的孩子能老練地評估和滿足照顧者的需要。在成年早期，伴侶雙方有義務相互滿足對方的需要，就像嬰兒學會信賴照顧者，相信其有能力滿足自己的需要一樣，每個成人夥伴也須學會信賴對方，預見及滿足他或她需要的能力。伴侶們還會認識到，有些問題是針對他們夫妻倆的，要解決這些問題必須相互依賴。他們儘管各司其職，但開始意識到解決問題時彼此都不可缺少。隨著兩個人學會了相互依賴，及發現他們的共同努力比他們個人的努力效果來得好時，相互間的親密感也就進一步有所加強。感情共鳴和依戀一樣，是兩個人的關係特點，而不是其中一個人的特點（Barnhill, 1979）。當發現他們能夠開誠布公、直截了當地交流，彼此都把對方放在心上，很有效地滿足彼此的需要時，自我認同便很明確地使兩人走在一起，相互間的親密關係也就形成了。

(二)精神疾病

人類發展學者Robert Havighrust宣稱：成年期是人類發展最困難的時期之一，因為年輕成年人必須面對許多生活挑戰，需要做出許多人生的決定，如職業、教育、婚姻、生養孩子等，對一個剛入社會的新鮮個體，這代表著他們將負起許多責任，端賴個人的能力及其是否做好準備。因此，尚未做好準備的成人，容易受到挫折、壓力而導致心理問題。

許多重大的精神疾病在青少年晚期與成年時期便明顯出現，特別是精神分裂症（schizophrenia）。一般將精神分裂症患者分為三類：治療成功而痊癒；部分痊癒並能維持一般正常的生活；療效不彰以致常常要入院治療。

精神分裂之原因可能來自遺傳因素或神經化學因素。但Lehmann和Cancro（1985）提出下列四種情境：突然發作、年齡較長才發作、有較好的社會及工作環境，以及家庭中的非正式支持系統等，會有較佳的預後狀況。

美國國家精神疾病聯盟（The National Alliance on Mentally Illness, NAMI），成立於1979年，專門為倡導精神分裂患者及其家屬權益，其主要扮演倡導者（advocate）的角色，將與病患相關的權益問題讓各級政府知道，並支持相關研究，以期提出協助病患及其家庭的專業知識；尤其在社區生活的適應，目前有關精神疾病的社區工作，已從第三級的治療走向第二級的補充性服務，以及第一級的社區及家庭支持的預防性服務。

(三)性的問題及處理

性功能障礙雖不是成年初期常有的問題，但如涉及夫妻或人際親密互動之間的問題，則必須尋求協助。過去有關此類的問題較著重於生物性的功能障礙，患者尋求偏方或食補方式來獲得單方面的功能舒緩，但此類問題常涉及個人認知及心理互動的問題癥結。在婚姻及性治療的個案發現，女性在性關係上常抱怨男人只是下半身思考，享受肉體器官的滿足，而女性則著重於情緒的優先紓解，其次才尋求獲得肉體的刺激與快感。Master和Johnson（1966）的研究即發現，有75%性功能障礙患者，除了尋求醫師及其他專業治療者的協助，可以獲得此類問題的改善，此外亦可求助於社會工作者提供協助，或由社會組織如婦女學苑、幸福家庭基金會、健康社區、性教育協會等專業組織，提供成人終身教育，開設兩性教育人際關係課程，以幫助社會工作實務者處理相關性功能違常的問題。

然而，大部分的性治療者（sexual counselors）多半只處理異性戀者，尤其是結婚之後的夫婦，或對伴侶性趣缺缺的單身者，缺乏性方面相關的諮商協助。在工商社會中，現代人身處工作及生活壓力之下，即使異

性戀夫婦在新婚期，也有因為角色適應之問題，諸如家庭間、姻親間或工作壓力所衍生的生活問題。涉及個人之親密關係，個體的生活適應及與性有關的調適都是成年期心理發展的環結之一。

　　同性戀（homosexual）的稱呼最早溯至1969年（Money, 1988），現今則用同志（gay）這個字眼。雖然同志（gay）適用於男性和女性，但女同志（lesbian）則只適用於女同性戀。而今敘述同性戀的最新資料有了同志（gay）、女同志（lesbian）、雙性戀（bisexual）及灰色性戀（questioning individuals）等稱呼的區分。雖然Alfred Kinsey在1940及1950年代的研究發現，有8%的男性和4%的女性在過去三年裡曾有同性戀行為；有4%的男性及2%的女性在青少年期之後便是同性戀者；此外，37%的男性及20%的女性表示，他們至少曾有一次是與同性達到性高潮行為。Diamond（1993）針對世界各國男女所做的調查，估計有6%的男性和3%的女性自青少年時期即有過同性戀行為。當然，許多專家相信這些估計值是偏低的，因為社會上對同性戀的態度還是具歧視性，會讓許多同性戀者不願意公開自己的真實性向。

　　雖然過去有一些不同取向認為，同性戀可能會有較嚴重的性虐待或心理疾病，但不管所使用的研究方法為何，至少這兩者的差異性尚未被發現（Gonsiorek, 1991; Groth & Birnbaum, 1978），因此同性的性取向不應被公眾所譴責。而同性戀配偶所遭受的社會排擠（social exclusion），諸如家居的抉擇、職場所受的待遇及接納，甚至有關日後的收養小孩等問題，除需去除社會預期觀點（social desirability），瞭解個體的背景及其情緒的穩定外，尚須針對個體在社會、心理發展等方面的問題給予協助。

(四)親密暴力

　　親密給予個體幸福、美滿及健康，但在親密關係中遭受另一半攻

擊、凌虐等暴力，卻在近年來社會新聞報導中層出不窮。此類問題已涉及個人、家庭及社會之犯罪行為。

　　檢視**家庭暴力**（family violence）並不是一件容易的事，因為它涉及隱私，何況法不過家門，如果缺乏受害者的舉報，此類案件通常會被隱藏。因為受虐者常礙於害怕再度受創，或涉及個人自尊而不願據實匯報。女性通常比男性、老人比年輕人、兒童比成年人較容易成為家庭暴力中的受虐者，而且家庭暴力是長期的，傷害也比陌生人的攻擊來得大。

　　事實上，在親密關係中，愛與暴力通常交錯互行，且不易切割。暴力循環就存於日常生活當中：

1. 第一階段　壓力累積期：經驗施暴者的憤怒、指責、爭吵、冷戰。
2. 第二階段　爭執期：互相謾罵，甚至互毆，即使是小事皆有可能成為導火線。
3. 第三階段　風暴期：夾帶著肢體暴力、性虐待、言語威脅，久而久之，暴力行為成為一種習慣。
4. 第四階段　蜜月期：施暴者可能會下跪痛哭，深表懺悔或承諾改變，以鮮花、禮物、性愛等方式作為彌補，以便使受暴者心軟，求得另一機會。

　　伴侶間的暴力行為往往存在著漫長而無止境的循環，有的甚至是從不出現蜜月階段，因為施虐者將暴力行為視為理所當然，久而久之也不認為有必要去討好或安撫受虐者，甚至用否認、合理化等防衛機轉來詮釋個人的暴力行為。不管是喘息於「暴風雨前的寧靜」，或者沉溺於短暫而反覆的蜜月期中，留下或離開的決定，對受虐者皆是一種困難的抉擇（林美薰等，2004），應要能讓受虐者瞭解此種暴力循環，甚至去除婚姻暴力迷思，以使受虐者能早點走出婚姻暴力之風險，例如肢體傷害、精神損害、牽連子女、財務或家庭、朋友等的法律訴訟等（柯麗評等，2005）。

二、成年期的心理危機

除了上述成年期常發生的心理危險因素之外，Erikson（1980）更以個人心理發展的內在層面來解釋此階段的心理社會危機（親密vs.孤立）。建立親密感是個人延續前幾期的安全感、自我認同的積極度及與人建立關係的過程。親密的概念被定義為個體能夠為另外一個人感受一種開放、支持、關心的關係，同時又不擔心在這個過程中失去個體之人格個性。親密關係具有認知和情感兩種成分，是伴侶中能夠理解彼此的觀點，並體驗一種信任和相互的關心。親密感的產生是個體在建立認同之後，不過男生具有此階段的連續性，但女生可能透過建立親密感，同時建立個人的自我認同。

親密意味著能夠相互體諒、相互約束需求。個體在親密關係氣氛中必須同時施與受。一般親密關係是在婚姻過程中建立，但婚姻本身並不會自然而然產生親密感，有時也會干擾親密感的建立，例如婚姻適應、孩子出生、家庭成員的社會期望等。

親密感建立的另一背景環境即是工作環境。工作夥伴之間發展的革命情感和親密友情關係，女性會比男性在相互之間產生親密關係可能性較大。

成年期的危機是「孤立」（isolation），而自我發展愈成熟，其界限會愈分明。當然個性與獨立性也是區分孤立之於人不同的價值，如人的孤單感可分為三類：暫時性（transient）、情境性（situational）及經常性（chronic）（Meer, 1985）。而社交能力與孤獨之間的關係很密切，交友能力強、溝通能力高、非言語行為的分寸、高支持系統的個體，其孤單感要低些；此外，男人在社會互動中競爭性強，關懷性較弱，呼應性及自我揭露也較低，也會顯得比女性有較高的孤單感（Carli, 1989）。

與他人建立親密感的可能性與否威脅個體的自我意識，他們會無法

與人建立親密關係,並在人際之間設立障礙,以保持個人的自我感覺。孤立在婚姻中可能因興趣或活動分歧的結果,造成雙方的共同點愈來愈少,而呈現缺乏相互理解及對生活目標的需要與支持。

　　獲得親密感的核心過程(core process)即是同儕之間的共鳴。親密感的建立在於是否滿足彼此的需要,並接受對方的弱點基礎之上。感情的共鳴將吸引著一對伴侶,在彼此支持的過程中,雙方的所作所為皆會為對方所考量,而不是我行我素。此種感情共鳴有如嬰兒期的依附行為及發展對人的信任感。在成年期,伴侶雙方有義務滿足對方的需要,所以成年期要學會信賴對方,要有預見及滿足夥伴需求的能力。

🎵 第三節　結語

　　成年期被視為由人生的準備期,經過青少年的轉捩期,到了人生主要的轉型期。此時年輕人透過自我認同轉移至與他人發展親密關係,建立婚姻、家庭及尋求工作(職業),而建立個人獨特的生命風格,經濟的獨立和個人決策遂成為此階段的主要發展任務。

　　個體在此時期是生理發展的顛峰,除了事故傷害外,鮮少會有危及個體生命的疾病,不過透過成人社會化可能習得不好的生活習慣,如喝酒、抽菸;此外,個體面臨生活的壓力會影響個體生理的一些症狀。心理危險因素乃受到生活壓力而導致憂鬱、行為失調等生理症狀。在社會層面,婚姻與工作已占據個體大多數的生活時間,尤其是女性面對結婚、生子及工作所產生的壓力,離婚與失業則是此時期最大的壓力創傷。

參考書目

一、中文部分

內政部（2008）。人口政策白皮書。取自http://www.ris.gov.tw/version96/pe_004.html

成之約（2003）。青少年就業措施。財團法人國家政策研究基金會國政分析，社會（析）092－008號。取自http://www.npf.org.tw/publication/ss/092/ss-b-092-008.htm

行政院主計處（2006）。人力資源調查提要分析。94年度人力資源調查統計結果。取自http://www.dgbas.gov.tw

行政院主計處（2007）。《中華民國臺灣地區人力運用調查報告》。臺北：行政院主計處。

林美薰、丁雁琪、劉美淑、江季璇（2004）。臺北：《家庭暴力防治工作人員服務手冊》。內政部家庭暴力及性侵害防治委員會。

柯麗評、王佩玲、張錦麗（2005）。《家庭暴力：理論政策與實務》。臺北：巨流圖書。

洪貴貞譯（2003）。《人類行為與社會環境》。臺北：洪葉。

張惠芬、郭妙雪譯（1998）。《工作與家庭》。臺北：揚智文化。

郭靜晃（2001）。《親子話題》（第二版）。臺北：揚智文化。

郭靜晃（2006）。《青少年心理學》。臺北：洪葉。

單驥（1998）。《婦女經濟自主權》。國民黨中央婦工會：1998年國家婦女政策會議。

程小危，張欣戊等著（1995）。〈道德發展〉，《發展心理學》。臺北：國立空中大學。

二、英文部分

Adams, B. N. (1986). *The Family: A Sociological Interpretation* (4th ed.), Orlando, Florida: Harcourt Bruce and Jovanovich Publishers.

Alex, H. (1985). *Corporations and Families: Changing Practices and Perspectives*. New

York: The Conference Board.

Amato, P. R. (2000). The consequences of divorce for adults and children. *Journal of Marriage and the Family, 62*: 1269-1287.

Barnhill, L. R. (1979). Healthy family systems. *The Family Coordinator, 28*: 94-100.

Bell, R. R. (1983). *Marriage and Family Interaction* (5th ed.). Homewood, IL: Dorsey.

Berg, J. H. & Peplau, L. A. (1982). Loneliness: The relationship of self-disclosure and androgyny. *Personality and Social Psychology Bulletin, 8:* 624-630.

Bernard, J. (1972). *The Future of Marriage*. New York: World.

Bornstein, R. & Schuster, C. S. (1992). Cognitive development during the adult years. In C. S. Schuster & S. S. Ashburn (Eds.), *The Process of Human Development*. New York: Lippincott.

Brim, O. G. Jr. (1968). Adult socialization. In J. A. Clausen (Ed.), *Socialization and Society*. Boston: Little, Brown.

Carli, L. L. (1989). Gender differences in interaction style and influence. *Journal of Personality and Social Psychology, 56:* 565-576.

Diamond, M. (1993). Homosexuality and bisexuality in different populations. *Archives of Sexual Behavior, 22:* 291-310.

Eisenberg, N. & Strayer, J. (1987). *Empathy and Its Development*. Cambridge, MA: Cambridge University Press.

Elder, G. H. (1975). Age differentiation and the life course. *Annual Review of Sociology, 1:* 165-190.

Erikson, E. H. (1980). Themes of adulthood in the Freud-Jung correspondence. In N. J. Smelser & E. H. Erikson (Eds.), *Themes of Work and Love in Adulthood* (pp. 43-74). Cambridge, MA: Harvard University Press.

Fischer, J. L. & Narus, L. R. (1981). Sex roles and intimacy in same-sex and other-sex relationships. *Psychology of Women Quarterly, 5:* 444-455.

Flavell, J. H. (1992). Cognitive development: Past, present and future. *Developmental Psychology, 28:* 998-1105.

Gilligan, C. (1982). *In a Different Voice: Psychological Theory and Women's Development*. Cambridge, MA: Harvard University Press.

Gonsiorek, J. C. (1991). The empirical basis for the demise of the illness model of

homosexuality. In J. C. Gonsiorek & J. D. Weinrich (Eds.), *Homosexuality: Research Implications for Public Policy* (pp. 115-137). Newbury Park, CA: Sage.

Gould, R. L. (1978). *Transformations: Growth and Change in Adult Life*. New York: Simon and Schuster.

Groth, A. N. & Birnbaum, H. J. (1978). Adult sexual orientation and attraction to underage persons. *Archives of Sexual Behavior, 7*: 175-181.

Gutmann, D. L. (1975). Parenthood: A key to the comparative study of the life cycle. In N. Datan and L. H. Ginsberg (Eds.), *Life Span Development Psychology*. New York: Academic Press.

Hatfield, E. & Walster, G. W. (1985). *A New Look at Love*. New York: University Press of America.

Hawkins, J. L., Weisberg, C., & Ray, D. W. (1980). Spouse differences in communication style: Preference, perception, behavior. *Journal of Marriage and the Family, 42*: 585-593.

Haywood, K. M. (1986). *Life Span Motor Development* (2nd ed.), Champaign, IL: Human Kinetics.

Hubner-Funk, S. (1983). Transition into occupational life: Environmental and sex differences regarding the status passage from school to work. *Adolescence, 18*: 709-723.

Javroff, L. (1996/04/01). Prostate cancer: The battle. *Time*, 58-65.

Kitchener, K. S. & King, P. M. (1989). The reflective judgment model: Ten years of research. In M. L. Commons, C. Armon, L. Kohlberg, F. A. Richards, T. A. Grotzer & J. D. Sinnott (Eds.), *Adult Development, 2:* 63-78. New York: Praeger.

Kohlberg, L. (1984). *The Psychology of Moral Development: The Nature and Validity of Moral Stages* (Essays on Moral Development, Volume 2). San Francisco: Harper & Row.

Kuhn, D., Kohlberg, L., Langer, J., & Haan, N. S. (1977). The development of formal operations in logical and moral judgment. *Genetic Psychology Monographs, 95*: 97-188.

Langston, C. A. & Cantor, N. (1989). Social anxiety and social constraint: When making friends is hard. *Journal of Personality and Social Psychology, 56*: 649-661.

Lehmann, H. E. & Cancro, R. (1985). Schizophrenia: Clinical features. In H. I. Kaplan & B. J. Sadock (Eds.), Comprehensive Textbook of Psychiatry IV (pp. 680-712). Baltimore: Williams & Wilkins.

Levinson, D. J. (1986). A conception of adult development. *American Psychologist, 41*: 3-13.

Maslow, A. H. (1962). *Toward a Psychology of Being*. Princeton, NJ: Von Nostrand.

Master, W. & Johnson, V. (1966). *Human Sexual Response*. Boston: Little, Brown.

Meer, J. (1985/07). Loneliness. *Psychology Today, 19*: 28-33.

Money, J. (1988). *Gay, Straight, and In-Between: The Sexology of Erotic Orientation*. New York: Oxford University Press.

Neimark, E. D. (1975). Longitudinal development of formal operational thought. *Genetic Psychology Monographs, 91*: 171-225.

O'Neil, J. M., Ohlde, C., Barke, C., Prosser-Gelwick, B., & Garfield, N. (1980). Research on a workshop to reduce the effects of sexism and sex-role socialization on women's career planning. *Journal of Counseling Psychology, 27*: 355-363.

O'Reilly, C. A. & Caldwell, D. F. (1980). Job choice: The impact of intrinsic and extrinsic factors on subsequent satisfaction and commitment. *Journal of Applied Psychology, 65*: 559-565.

Peplau, L. A., Russell, D., & Heim, M. (1979). An attributional analysis of loneliness. In I. Frieze, D. Bar-Tal, & J. S. Carroll (Eds.), *New Approaches to Social Problems*. San Francisco: Jossey-Bass.

Robinson, E. A. & Price, M. G. (1980). Pleasuable behavior in marital interaction: An observational study. *Journal of Consulting and Clinical Psychology, 48*: 117-118.

Rubenstein, C. M. & Shaver, P. (1982). The experience of loneliness. In L. A. Peplau & D. Perlman (Eds.), *Loneliness: A Sourcebook of Current Theory, Research and Therapy*. New York: Wiley.

Sarason, B. R., Sarason, I. G., Hacker, T. A., & Basham, R. B. (1985). Concomitants of social support: Social skills, physical attractiveness and gender. *Journal of Personality and Social Psychology, 49*: 469-480.

Scanzoni, L. D. & Scanzoni, J. (1981). *Men, Women, and Change: A Sociology of Marriage and Family* (2nd ed.), New York: McGraw-Hill.

Snarey, J. R. (1985). Cross-cultural universality of social-moral development: A critical review of Kohlbergian research. *Psychological Bulletin, 97(2)*: 202-232.

Solomon, R. C. (1988). *About Love: Reinventing Romance for Our Times*. New York: Simon & Schuster.

Sternberg, R. J. (1988). Triangulating love. In R. J. Sternberg & M. L. Barnes (Eds.), *The Psychology of Love* (pp. 119-138). New Haven, CT: Yale University Press.

Weiss, R. S. (1974). The provisions of social relationships. In Z. Rubin (Ed.), *Doing unto others* (pp. 17-26). Englewood Cliffs, NJ: Prentice-Hall.

Young, J. E. (1982). Loneliness, depression and cognitive therapy: Theory and application. In L. A. Peplau & D. Perlman (Eds.), *Loneliness: A Sourcebook of Current Theory, Research and Therapy* (pp. 379-406). New York: Wiley.

Chapter 4

成年期之社會化

- 婚姻
- 工作
- 有小孩
- 結語

　　當個體進入成年時，他們的精力和動機集中在各種發展任務（developmental tasks）。在成年時，重要發展任務是完成教育（日後社會化之準備），從事職涯、結婚、做父母。而在每個社會皆有其常模、角色、期待及社會時鐘（social clock），來對個體的學習和行為產生影響，這也是成人社會化之歷程。

　　全世界的青年人口約占人口總數的18%，青年具有無限潛力、創意與天生的熱情。這個人口群正在積極投入工作生涯、組成家庭；此外，世界各重要國家及其組織皆致力於讓青年充分及有效地參與公共事務，以成就社會公民及公民社會（civil society）。成年期之社會化歷程主要是婚姻、工作及組成家庭。

第一節　婚姻

　　在婚姻之社會關係中，個人的親密和成熟的社會關係得以產生，大約90%的個體在四十歲左右皆會成家，一直以來大約有10%左右的人保持獨身主義，不過，現在有愈來愈多的比率保持單身，而且有比較多的年輕人將婚姻延遲到三十歲。這些改變也說明初婚年齡延後，家庭規模變小，以及撫養子女之時間更短。

　　透過約會過程，一個人可能有機會遇到一個共鳴的人生伴侶，但有人卻依社會時鐘來決定婚姻的時程表。當一個人考慮結婚時，吸引和承諾過程影響著伴侶的選擇和婚姻的決定。Adams（1986）提出擇偶過程中的四個階段（參見圖4-1）：

　　1.階段一：在社會交往的市場中選擇伴侶，例如學校、工作環境、派
　　　對上。從最普遍的意義而言，婚姻伴侶的選擇有賴於個人所介入的

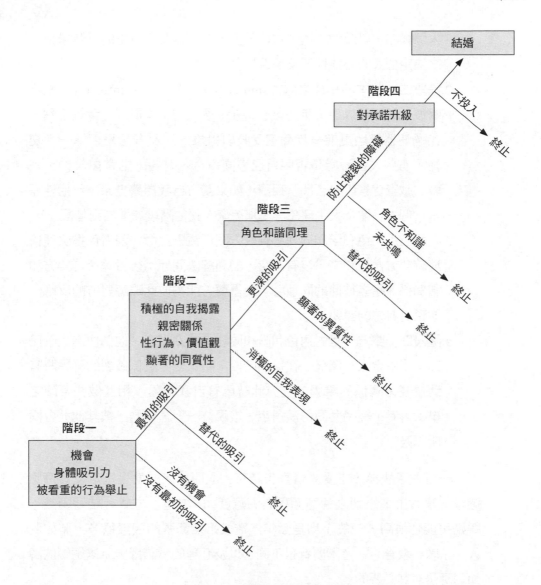

圖4-1　美國人的擇偶過程

資料來源：Adams (1986).

人際網絡，以及個人所欣賞的外表、儀容以及所看重的行為舉止，來決定個人的心儀程度及是否具有吸引力。

2. 階段二：基本的相似之處（similarity）及親密度（intimacy）是維繫彼此關係得以進一步的核心所在。個人的基本價值、背景特點，如過濾器般地更進一步篩選受吸引對象，以及考量是否進一步交往，有些人會考慮是否跟自己志同道合，有些人則選擇年齡、宗教、教育背景等是否門當戶對。如果雙方自我揭露更深，包括性需求、個人恐懼及人生理想等，那麼個人就從階段二進階到階段三。

3. 階段三：角色和諧和同理心讓雙方關係注入生命。前者係指處理情境時雙方合作和諧，沒有衝突，順利解決問題；後者係透過雙方和諧關係，建立彼此的同理心，使得雙方能夠彼此瞭解對方的反應，並預見對方的需要。

4. 階段四：雙方一旦對角色和諧和同理心感到滿意，他們便進入階段四：「中意人」關係。在這個階段，防止雙方關係破裂的屏障將有助於雙方關係的鞏固。雙方此時已有自我揭露，相互做些冒險之舉；再者，經過共同扮演角色，被視為一對，他們已被其他社會圈所隔離。

一旦做了抉擇，求愛激情宣告結束，取而代之的就是婚姻及其適應過程。事實上，婚姻之適應過程與滿意度如「U型」方式，結婚頭幾年離婚可能性很高，一般平均是七年。造成婚姻緊張的因素很多，諸如收入、宗教、教育、社會階層背景不同，以及心理的承諾感，所以婚姻的調節適應是有其必要的。

親密關係與日後婚姻滿足感有關，有效的溝通及處理衝突的能力更是婚姻過程的調適能力。衝突可能是自我認同的產物，因為夫妻雙方個性不同，價值和目標相異，加上權力或資源分布不均，或未能共同做決策所導致的結果。婚姻滿意度與彼此的溝通和自我揭露有關，這些因素更是維

持婚姻的有效預測因子（Robinson & Price, 1980）。

男性與女性對溝通過程可能有不同的看法，Hawkins、Weisberg及Ray（1980）將兩性分類成四種不同互動性格：

1. 常規式互動（conventional interaction）：雙方常會掩蓋問題，只是維持雙方互動，並不表露太多的情緒投入及探討彼此的觀點。

2. 控制式互動（controlling interaction）：只將自己的意見說得很清楚，但不考慮對方的觀點。

3. 推測式互動（speculative interaction）：雙方是防禦性的，只探究對方的觀點，但不充分表露自己的立場。

4. 接觸式互動（contractual interaction）：是雙方均能聽取他人的意見，亦可自我肯定地表明自己的立場。

夫妻雙方之間皆認為接觸式的互動最好，控制式的互動最不可取；而每一種互動方式皆會影響彼此之間的親密關係。

在婚姻調適中，女性比男性體驗到更多的緊張（Bell, 1983），可能因素來自經濟保障、自我認同、生育子女的準備不夠，或者彼此對親密關係的期待不同。近年來婚姻對家庭最大的變化是婦女進入就業市場及離婚率的提升。當婦女進入工作職場而形成雙生涯家庭（dual-career families），最大的家庭困境是老人及年幼兒童的照顧問題，以及家庭角色與勞動分工的重新定義。當夫婦缺乏外在資源或者必須面對生活方式的挑戰，那衝突必然產生，進一步影響彼此之間的親密感。此外，臺灣在2008年的資料顯示，男性初婚年齡為三十一點一歲，女性則為二十八點四歲，相較於1971年的資料已提高4歲，顯現臺灣初婚年齡也有提升之現象，呈現晚婚趨勢。

當結婚之初的誓言「白頭偕老」好景不再，雙方可能漸行漸遠，或者選擇離婚來結束雙方關係。美國離婚率是全世界最高，加拿大、英

國、瑞士、澳州也有三成多（約三對即有一對）。最近，臺灣的離婚率也接近此數字，通常發生在結婚三至四年之後（洪貴貞譯，2003）。

離婚的原因在過去可能是經濟因素，或一方染有惡習，但現在的原因多半是來自「沒有過錯」（no fault），可能是溝通不良、性生活不美滿，或者不匹配因素所致（洪貴貞譯，2003）。

1998年，全美有14.4%未滿十八歲的兒童（超過千萬名兒童）處於父母離婚或分居的家庭中（U. S. Census Bureau, 1998）；臺灣的單親家庭比率正趨近9%。離婚是一種過程，不是單一事件，這個過程始於父母分居，直到父母終止合法的婚姻關係。從**離婚－壓力－適應觀點**（divorce-stress-adjustment perspective）來看，離婚過程起始於父母與孩子共同面對的壓力事件，然後這些壓力源將增加父母與孩子負向影響之危機（Amato, 2000）（參見**圖4-2**）。

依據此觀點，離婚對兒童之影響端賴於各種因素及其交互作用，例如親職之效能、父母的衝突等，加上兒童之特質或心理問題之基因遺傳；而保護因子之存在，如社會支持、因應技巧、友善及支持的鄰里環境等。然而，離婚過程也可能帶給成人及兒童有些好處，不好的負面影響也將透過離婚過程而淘汰。

近年來，臺灣的離婚率節節高升，2001年的粗離婚率為0.25%，其中又以未滿五年內占37.1%為最多；此外，在「結婚二十至二十四年」及「結婚二十五至二十九年」離婚者也有增加之趨勢，離婚呈現雙峰現象。近年來臺灣異國婚姻比率逐年升高，從1998年開始，大陸配偶及外籍配偶人數快速增加，截至2007年，在臺灣大陸配偶（含港澳）有近二十五萬人，外籍配偶也有十三點五萬人，合計達三十八點五萬人，外籍配偶大多來自越南（57%）、印尼（19%），約有近八成的外籍配偶來自東南亞（內政部，2008），而2010年小學入學人數每八位即有一位是外配所生的學童。

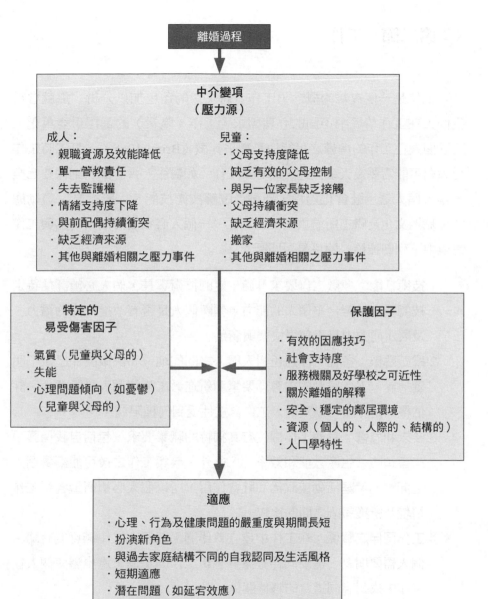

圖4-2　離婚－壓力－適應觀點

註：此觀點視離婚為一過程，受許多中介變項、特定的易受傷害因子及保護因子
　　所影響，這些因子會發生交互作用，共同影響家庭成員。

資料來源：Amato (2000).

🎵 第二節　工作

工作是一個複雜的概念，工作者將工作的角色加以分析，那就會衍生個人在工作情境中不同的心理需求。工作（職業）的選擇千變萬化，所以個人在工作的準備之可能性是微乎其微（Brim, 1968）。打工時工作受訓期可能需要幾天或幾週，而專業工作（如醫生、會計師）則需要七至十年。個人透過社會化過程，新僱員瞭解技術技能、人際行為、勞動態度、職場文化及職工所看重的權力關係。一個人必須衡量個人特點與工作情境中下列四種核心關係是否匹配：

1. 技術技能：多數工作要求具備一定的技術專長，個人必須評估特定技能要求是否合乎個人的能力，判斷個人是否有改進技能的潛力，及展示能力中是否獲得快樂與滿足。

2. 權威關係：各種工作角色對人與人之間的地位和決策關係已做了明確規範，工作培訓的內容即要幫助新進員工瞭解個人受誰評估、評估標準是什麼，以及個人工作自主性受到何種限制。

3. 要求和危害：每個工作崗位有其獨特的職業要求，包括自我保護、工害預防、生產效能和效率等。此外，參與工作之後可能影響個人之閒暇、家庭活動或政治和社會作用，所以個人必須衡量各種工作情境及所獲報酬之間的比較。

4. 工作同伴之關係：在工作中建立夥伴關係與個人工作滿意度有關。個人需要朋友、需要同伴分擔熟悉新工作的煩惱，這也驅使個人在工作中找到志同道合的夥伴關係。

除了上述四種核心關係，個人工作的抉擇也受到其他因素所限制，例如教育資歷、天賦、地理位置等。O'Reilly及Caldwell（1980）以MBA

學生為研究樣本，研究影響工作選擇和持續工作滿意度之關係，結果發現兩種因素影響工作抉擇：內在及外在因素。內在因素包括對工作的興趣、個人對工作的知覺、工作責任感和升遷機會；外在因素包括家庭及財務壓力、他人建議、工作地點和薪資。

現今世界趨勢面對經濟泡沫化，加上金融海嘯也使得世界的成年失業率居高不下，其現象有：

1. 全球青年就業率惡化：全球青年增加13%，青年就業只增加3.8%，青年增加速度是工作機會增加速度的3.5倍。青年占全球人口25%，卻構成全球失業人口的43.7%。全球青年失業率從12.3%升為13.5%，是成人失業率（4.6%）的2.8倍。臺灣十五至二十四歲青年失業率為10.9%，是二十五至四十四歲的2.9倍，是四十五至六十四歲的5倍。

2. 青年工作貧民增加：即使有工作者，其中有超過一半（56.3%）日薪不到二美元，是「低度就業」（underemployed）的「工作貧民」，其處境很可能比青年失業者更糟，太窮導致沒有挑選工作的權利。

3. 青年勞動參與率降低：青年勞動參與率只有54.7%，代表每二個青年就有一個沒去找工作，主要成分有四：

   (1)青年喪志，找工作不順而放棄求職。

   (2)升學，接受更高教育。

   (3)傳統文化歧視女性，一旦家中經濟出現窘迫，女性往往須輟學幫忙家務。

   (4)尼特族（NEET）：既不在學也沒工作者（其中不少是喪志青年）。

4. 高學歷低就業現象：一旦就業市場不景氣，人浮於事，往往壓縮了

低學歷者的就業機會。

青年長期失業者由於對就業市場的陌生，形成所謂的「就業市場迷思」，其定義為：由於認知之資訊不足或不明確，導致個人對於就業市場職業世界的瞭解出現偏差或刻板印象，進而影響其面對特定職業與職場時之工作態度與觀念。青年長期失業者的就業市場迷思，除了表現在設定偏高的期望薪資之外，還有對於就業市場僱主設定招募條件的認知不足，也就是往往自恃為年輕，自以為就業能力必然高於中高齡者，卻忽略了就業市場之僱主在招募過程中，也重視工作經驗此項條件，再加上在家庭的經濟支持下，往往會偏高的期望薪資，使得年輕尋職者易淪為長期失業者，出現了所謂「尼特族」、「啃老族」與「Yo-Yo族」，成為社會中的依賴人口。

❧ 第三節　有小孩

臺灣面臨少子化的世界潮流，從一年出生三十幾萬的孩子到最低的不到十七萬，雖然這幾年來有上升的現象，但年輕的成人傾向於新三大政策——不婚、不生、不養。現代的成年人延後結婚，延後生小孩，所以做父母的經驗代代不同。在我們曾祖父母年代，一個女性和她的女兒同時生產的情形時有所聞，甚至於姑姑（叔叔）比自己的子女還要年輕。現代社會崇尚節育，使小孩延後出生，使女人能夠發展事業，同時夫妻擁有工作及生涯，又稱為**雙生涯家庭**（dual-career family），所以生小孩變成是預期的、受歡迎的。又因為科技進步，使得育兒家務科學化，輕便，但相對於高離婚率及未婚媽媽增加，也使得許多育兒家務缺乏另一半的支持。此外，成年期的成人在成為父母前需要適應下述的三個歷程：

一、懷孕

　　成為父母始於懷孕，當夫妻知道要升格為父母時，他們的關係便開始改變，有些夫妻認為懷孕具有高度壓力，有些夫妻則認為懷孕可以鞏固婚姻，避免婚姻破裂（Osofsky & Osofsky, 1984）。妻子在懷孕時是敏感的，男人的反應更是正負夾雜。有些男人羨慕妻子有懷孕能力，擔心夫妻關係生變，擔心壓力。研究指出，婚姻關係的品質影響懷孕過程（Osofsky & Osofsky, 1984）。夫妻自知道懷孕開始便有所期望、分娩期以及孩子出生第一年等心理因素，各方面處理良好及家庭支持，都將有助於成人在此時期的適應。

二、父母期的適應

　　第一個孩子出生造成夫妻生活的巨大轉變，如個人的社會角色、友誼型態、家庭關係、人格以及社會參與。有些人宣稱最大的生活改變就是孩子出生。

　　做父母的情緒是喜樂參半的，大多數人認為做父母是人生一種很大的滿足（Hoffman & Manis, 1978），快樂的來源是與子女情緒連接、增添樂趣、看子女活動、與他們一起玩；不愉快的來源則是被小孩捆綁、花費不貲。

　　做父母也是壓力的來源（Belsky, 1981），此時會降低婚姻滿意度、夫妻溝通減少，自然性社交及性交減少，呈現更多的緊張與焦慮。

　　大多數父母覺得小孩使得他們更加親近，由於分擔養育子女的結果，夫妻有一共同目標，分享孩子的成長與歡樂。然而，當夫妻覺得孩子使得彼此關係疏離、養育態度不一致，或先生對孩子占據妻子時間太多，也會造成婚姻的不滿意。

做了父母對人們的價值與態度也會改變，例如對家庭較感興趣，關心學校、教會以及其他社區的活動；因為子女也會加強代間的聯繫。

三、做父母時期的安排

何時生小孩？其實這個答案是由心理及物質因素所支配。父母是否有資產、事業是否有成、收入是否足夠，都會影響何時生小孩的決定。年輕父母特別有壓力，有時妻子不但要照顧嬰兒，同時還要照顧先生（Daniels & Weingarten, 1982）；當然年輕父母中年後會有較多的自由時間。

第四節　結語

在成人生涯中，工作為生活所必須，工作不只影響個體的生活，也影響個體的角色位置；同時，人們自工作中所獲得的成就感，也是個體生活滿意度的重要要素。婚姻是大多數人的生活型態，也是大多數人認為一種理想的生活型態。時近，雖由於社會化歷程的延長，多數國家有晚婚的趨勢，而不論晚婚與否，婚姻的成功與否仍舊影響著個人的生活滿意度與生活品質。有小孩也是成人歷程中重要的決定之一，當一個人決定生一個小孩，至少要花二十年的時間培育他，更要花很多的金錢與時間來造就小孩的成就；因而，在成年期這段的人生精華時期裡，承先啟後自然成了每個個體的使命。

參考書目

一、中文部分

內政部（2008）。人口政策白皮書。取自http://www.ris.gov.tw/version96/pe_004.html

行政院主計處（2006）。人力資源調查提要分析。94年度人力資源調查統計結果。取自http://www.dgbas.gov.tw

行政院主計處（2007）。《中華民國臺灣地區人力運用調查報告》。臺北：行政院主計處。

林美薰、丁雁琪、劉美淑、江季璇（2004）。《家庭暴力防治工作人員服務手冊》。臺北：內政部家庭暴力及性侵害防治委員會。

柯麗評、王佩玲、張錦麗（2005）。《家庭暴力——理論政策與實務》。臺北：巨流圖書。

洪貴貞譯（2003）。《人類行為與社會環境》。臺北：洪葉。

張惠芬、郭妙雪譯（1998）。《工作與家庭》。臺北：揚智文化。

郭靜晃（2001）。《親子話題》（第二版）。臺北：揚智文化。

郭靜晃（2006）。《青少年心理學》。臺北：洪葉。

二、英文部分

Adams, B. N. (1986). *The Family: A Sociological Interpretation* (4th ed.), San Diego, CA: Harcourt, Brace Jovanovich Publishers.

Amato, P. R. (2000). The consequences of divorce for adults and children. *Journal of Marriage and the Family, 62*: 1269-1287.

Barnhill, L. R. (1979). Healthy family systems. *Family Coordinator, 28:* 94-100.

Bell, R. R. (1983). *Marriage and Family Interaction* (5th ed.), Homewood, IL: Dorsey.

Belsky, J. (1981). Early human experience: A family perspective. *Developmental Psychology, 17:* 3-23.

Bernard, J. (1972). *The Future of Marriage.* New York: World.

Brim, O. G. Jr. (1968). Adult socialization. In J. Clausen (Ed.), *Socialization and Society.* Boston: Little, Brown.

Daniels, P. & Weingarten, K. (1982). *Sooner or Later: The Timing of Parenthood in Adult Life*. New York: Norton.

Hatfield, E. & Walster, G. W. (1985). *A New Look at Love*. New York: University Press of America.

Hawkins, J. L., Weisberg, C., & Ray, D. W. (1980). Spouse differences in communication style: Preference, perception, behavior. *Journal of Marriage and the Family, 42*: 585-593.

Hoffman, L. W. & Manis, J. D. (1978). Influences of children on marital interaction and parental satisfactions and dissatisfactions. In R. Lerner & G. Spanier (Eds.), *Child Influences on Marital and Family Interaction* (pp. 281-313). New York: Academic Press.

Kuhn, D., Kohlberg, L., Langer, J., & Haan, N. S. (1977). The development of formal operations in logical and moral judgment. *Genetic Psychology Monographs, 95:* 97-188.

Langston, C. A. & Cantor, N. (1989). Social anxiety and social constraint: When making friends is hard. *Journal of Personality and Social Psychology, 56:* 649-661.

Levinson, D. J.(1986). A conception of adult development. *American Psychologist, 41:* 3-13.

Master, W. H. & Johnson, V. E. (1985). *Human Sexual Response*. Boston: Little, Brown.

O'Reilly, C. A. & Caldwell, D. F. (1980). Job choice: The impact of intrinsic and extrinsic factors on subsequent satisfaction and commitment. *Journal of Applied Psychology, 65*: 559-565.

Osofsky, J. D., & Osofky, H. T. (1984). Psychological and developmental perspectives on expectant and new parenthood. In R. D. Parke (Ed.), *Review of Child Development Research*. Vol.7, Chicago: University of Chicago Press.

Robinson, E. A. & Price, M. G. (1980). Pleasurable behavior in marital interaction: An observational study. *Journal of Consulting and Clinical Psychology, 48*: 117-118.

Scanzoni, L. D. & Scanzoni, J. (1981). *Men, Women, and Change: A Sociology of Marriage and Family* (2nd ed.), New York: McGraw-Hill.

U. S. Census Bureau (1998). Marital status and living arrangement: March 1998 (update) (*Current Population Reports*, Series, pp. 20-514). Washington, D.C.: Government Printing Office.

Chapter 5

中年期

- 中年期的發展任務
- 中年期的發展危機
- 結語

　　中年成年期大約從三十五歲一直延續到六十五歲，此時人生已走完一大段的歲月，個體可否察覺到變化呢？儘管成年生活中的經歷及生活風格的特點差異很大，而此階段正承接前面各階段的基礎，正如發展有固定順序，後一階段受前一個階段所影響般。中年時期的發展不似嬰兒或青少年期有明顯快速的變化，但其變化的節奏是規律的及有序的，尤其在社會及心理的變化，包括一個人的時間感、自我意識，以及投入於社會機構上的變化。從Erikson之心理社會理論的觀點，中年時期著重人格重新重組，以獲得創生感（generativity），在此階段，個體需要綜合前面各階段的技能和觀念，將精力投入於未來。所以在此階段，個體更著重於智慧成就及自我省思。

　　中年時期與其他階段之不同是個體少有感受到生理變化的感覺（因為變化是冗長與緩慢的），但受個人經驗的影響而對時間序列有很大的感覺，例如有人將組成家庭而暫緩生涯發展；而有人因為子女離巢而致力於個人之工作顛峰。每個人的規劃不同，差異遂成為中年時期的最佳寫照。

　　在社會學及心理學鮮少有理論專門談到中年時期的發展，最早期有社會學者Margaret Mead論及一生的發展，Margaret Atwood（1991）在她的小說《貓眼》（Cat's Eye）也有提及；心理學除了Abraham Maslow的人類需求理論外，尚有Erik Erikson（1963）的心理社會理論針對中年期的專門論述，將中年時期定義為創生vs.停滯（generativity vs. stagnation）；Peck（1968）的心理發展理論主張，中年期調適須具有調整四種危機能力：人際關係中社會化vs.性關係（socializing vs. sexualizing in human relationship）、重視智慧vs.重視體能（valuing wisdom vs. value physical powers）、情緒靈活vs.情緒疲乏（emotional flexibility vs. emotional impoverishment），及心智靈活vs.心智僵化（mental flexibility vs. mental rigidity）。此外，Vaillant（1977）也立基於Erik Erikson的心理社會理

論，發現中年期最重要的是在找尋人生意義，避免剛愎自用和停滯；
Levinson（1978）也專門針對四十位年齡介於三十五至四十五歲的男性為
受試者，包括訪談及施測人格測驗，然後建立其成年期生活改變的生活結
構（life structure）發展理論（參見**表5-1**）：

1.成年前期（出生到二十二歲）：為出生到青春期結束之間的成長
期。
2.成年早期（十七到四十五歲）：為個體做出生命中最重要決定的時
期，也是展現最多精力及體驗最多壓力的時期。
3.成年中期（四十到六十五歲）：為個體生理及體力開始衰退，但社
會責任增加的時期。
4.老年期（六十歲以上）：為人生的最終階段。

　　Gould（1978）針對美國加州男女性大約三十五到四十三歲的研究訪
問，發現中年期的轉變較多。Gould發現，中年期會有質疑、騷動及極端
的改變，在歷經變化之後，個體會發展較具體的目標。此時他們關心的是

表5-1　Levinson男性成人發展理論及轉換期

時期	轉換期
0至22歲：成年前期	17至22歲：成年轉換早期
17至45歲：成年早期	22至28歲：進入成年早期的生理結構 28至33歲：30歲轉換期 33至40歲：成年早期生活結構之高峰 40至45歲：中年轉換期
40至65歲：成年中期	45至50歲：進入成年中期的生活結構 50至55歲：50歲轉換期 55至60歲：成年中期生理結構之高峰 60至65歲：老年轉換期
60歲以上：老年期	--

資料來源：Levinson (1978).

朋友、家庭和婚姻，尤其是孩子的表現。

Jung（1969）的理論也是奠基於Freud的心理分析論，其和Erikson一樣，認為成人發展是受過去經驗指導及未來目標而產生成長與改變的過程。Jung認為，到了中年期個體會在生活各方面，從事業、家庭，到指導行為的理想、信念感覺都獲得成功，此時個體會漸漸呈現過去未曾顯現的異性性格，如男人具有女人的人格特質，而女人具有男人的人格特質。此時，女人變得意志堅強，並投入工作（志工）的行列或發展另一種興趣，以拓展其社會關係；而男人則會變得親切仁慈，較少有自我主張。

Gutmann（1980）也與Jung（1969）的論點相同，認為中年期成人到後半生（the second half of life）會變得較兩性（androgynous）；女性會變得較攻擊性、不親和、較具管理性及政治性的；男性則對友誼、親和變得較感興趣，且較少競爭性。

第一節　中年期的發展任務

一、身體發展

一般人到了中年期，開始知覺身體的外表與功能已有顯著的改變，感覺不再年輕。此時肌肉功能開始萎縮，體脂肪增加，這些皆與不參與活動及運動有關。

個體的反應速度降低，也使得他們意識到要改變工作習慣，不能再依賴速度與體力。此時，有些人已有一些慢性疾病，如糖尿病、高血壓、關節炎等。雖然老化是造成疾病的原因，但有些慢性病的成因是基於個人的生活習慣所致，例如抽菸、喝酒、吸食藥物、緊張、缺乏運動所致。

　　中年人的生理死亡因素最大的成因是癌症和心臟病，除了遺傳性生理成因之外，就是心理因素所致，特別是壓力。1980年代，心理學派已發展一支專門研究因壓力而導致生理及身體疾病之關係，稱之為**健康心理學**（health psychology）。Friedman和Rosenman（1974）在找尋心臟病之成因過程中發現，除了身體因素之外，人格也是導致心臟病和影響病情之主因，尤其是A型性格（type A personality）者，其特徵是好競爭、好強、缺乏耐性、充滿敵意，比較容易被激怒及帶有完美主義；相反地，B型性格（type B personality）者的特徵是放鬆、隨和、友善、不易動怒。

　　之後，Eysenck（1989）引用Grossarth-Maticek的研究指出，Grossarth-Maticek選取一大群成人受試者，先施予人格測驗，再將之歸類為四類：類型一是癌症的危險群；類型二是心臟疾病的危險群；類型三及四是健康型群體。之後，他長期（十年以上）加以追蹤這些受訪者，發現健康與個人人格有很大的關係。

　　癌症為國人十大死因之首位，總數比第二至第四名的心臟病、腦血管疾病及糖尿病等死亡人數之總和還多，平均每三分鐘即有一人死於癌症。癌症並不是單一疾病，而是伴有其他類型症狀，而癌症要靠平時的預防，早期發現，治癒率最高。癌症與個人生活習慣和環境關係密切，在已開發國家常見的癌症是腸癌、攝護腺癌、膀胱癌及乳癌，與高脂、低纖維飲食及肥胖有關；而未開發中國家常見的則是胃癌、肝癌、食道癌及子宮頸癌等，主要與醃漬食物有關。國人癌症死亡率以肺癌、肝癌位居前兩名，大腸癌（直腸癌）及乳癌位居第三及第四名，但最近大腸（直腸）癌上升趨勢，已超過肝癌，位居第一（參見**表5-2至表5-6**），與國人高脂飲食有關。除了高脂食物、醃漬食物，其他如不良習慣，如抽菸、喝酒、嚼檳榔等，以及工業造成的空氣汙染與飲食也是致癌因素。

　　除了死亡之外，中年人之前的體力達到顛峰，之後開始走下坡，過了四十歲之後，才會明顯覺得體力大不如往昔。這時，皮膚開始容易乾

表5-2　肺癌歷年死亡人數及死亡率

年齡別	2004年		2005年		2006年		2007年		2008年	
	死亡人數	每十萬人口死亡率	死亡人數	每十萬人口死亡率	死亡人數	每十萬人口死亡率	死亡人數	每十萬人口死亡率	死亡人數	每十萬人口死亡率
35-39	54	2.9	59	3.1	67	3.6	55	3.0	64	3.5
40-44	164	8.5	118	6.1	153	7.9	166	8.7	150	7.9
45-49	252	14.3	265	14.8	269	14.8	305	16.5	297	15.8
50-54	378	25.3	398	25.3	450	27.7	415	25.0	457	27.0
55-59	401	44.3	461	45.9	524	46.0	648	50.9	623	45.3

註：1.死因統計自1994年起，含金門縣及連江縣。

　　2.本表資料自2008年起，死因分類為ICD-10。

資料來源：行政院衛生署（2010）。

表5-3　肝癌歷年死亡人數及死亡率

年齡別	2004年		2005年		2006年		2007年		2008年	
	死亡人數	每十萬人口死亡率	死亡人數	每十萬人口死亡率	死亡人數	每十萬人口死亡率	死亡人數	每十萬人口死亡率	死亡人數	每十萬人口死亡率
35-39	186	9.9	173	9.2	161	8.7	136	7.4	148	8.1
40-44	299	15.5	291	15.1	258	13.4	255	13.3	254	13.5
45-49	457	25.9	487	27.1	452	24.8	456	24.6	440	23.4
50-54	625	41.8	618	39.3	708	43.5	712	42.9	644	38.0
55-59	653	72.2	682	68.0	738	64.7	849	66.7	828	60.2

註：1.死因統計自1994年起，含金門縣及連江縣。

　　2.本表資料自2008年起，死因分類為ICD-10。

資料來源：行政院衛生署（2010）。

燥、失去彈性、體脂肪增加，如不忌口，很容易得到三高（高血壓、高膽固醇及高血脂），這也是中年人開始重視身材及生理變化的原因，除了運動之外，就是控制飲食及養身。再者，生理最快產生反應的是眼睛，開始要戴老花眼鏡，頭髮斑白，對味覺、嗅覺及疼痛感較不敏感。總之，中年時期身體漸漸老化，而個人常不自覺，唯有在生一場大病或激烈運動

表5-4 結腸直腸癌歷年死亡人數及死亡率

年齡別	2004年		2005年		2006年		2007年		2008年	
	死亡人數	每十萬人口死亡率	死亡人數	每十萬人口死亡率	死亡人數	每十萬人口死亡率	死亡人數	每十萬人口死亡率	死亡人數	每十萬人口死亡率
35-39	51	2.7	72	3.8	62	3.3	61	3.3	73	4.0
40-44	101	5.3	94	4.9	109	5.7	97	5.1	128	6.8
45-49	191	10.8	175	9.7	180	9.9	191	10.3	173	9.2
50-54	216	14.5	233	14.8	327	20.1	277	16.7	257	15.2
55-59	230	25.4	239	23.8	280	24.6	341	26.8	361	26.2

註：1.死因統計自1994年起，含金門縣及連江縣。

2.本表資料自2008年起，死因分類為ICD-10。

資料來源：行政院衛生署（2010）。

表5-5 乳癌歷年死亡人數及死亡率

年齡別	2004年		2005年		2006年		2007年		2008年	
	死亡人數	每十萬人口死亡率	死亡人數	每十萬人口死亡率	死亡人數	每十萬人口死亡率	死亡人數	每十萬人口死亡率	死亡人數	每十萬人口死亡率
35-39	79	8.5	75	8.1	65	7.1	62	6.8	55	6.0
40-44	143	15.1	124	13.0	145	15.2	117	12.3	126	13.4
45-49	185	21.1	193	21.6	169	21.6	223	24.2	219	23.3
50-54	246	32.9	248	31.6	263	32.3	239	28.7	250	29.3
55-59	154	33.8	203	40.1	197	34.2	241	37.5	260	37.3

註：1.死因統計自1994年起，含金門縣及連江縣。

2.本表資料自2008年起，死因分類為ICD-10。

資料來源：行政院衛生署（2010）。

後，才發覺自己精力及體力皆已衰退。

中年時期除了身材改變較大之外，主要還有骨質疏鬆症，尤其女性到了四十五歲之後，男性到了五十歲之後，骨骼開始疏鬆，導致體格縮小、矮化，骨頭容易折損或脊椎彎曲。婦女的成因較多，主要原因是婦女骨骼較小、缺鈣，加上更年期後賀爾蒙減少也促進鈣質流失，所以補充鈣

表5-6　攝護腺癌歷年死亡人數及死亡率

年齡別	2004年		2005年		2006年		2007年		2008年	
	死亡人數	每十萬人口死亡率	死亡人數	每十萬人口死亡率	死亡人數	每十萬人口死亡率	死亡人數	每十萬人口死亡率	死亡人數	每十萬人口死亡率
35-39	--	--	--	--	1	0.1	--	--	--	--
40-44	1	0.1	1	0.1	1	0.1	2	0.2	--	--
45-49	2	0.2	1	0.1	--	--	2	0.2	3	0.2
50-54	3	0.4	4	0.5	7	0.9	9	1.1	7	0.4
55-59	6	1.3	20	4.0	19	3.4	24	3.8	19	1.4

註：1.死因統計自1994年起，含金門縣及連江縣。
　　2.本表資料自2008年起，死因分類為ICD-10。
資料來源：行政院衛生署（2010）。

質、賀爾蒙，與適度的陽光照射，最重要的是少喝咖啡、茶、熬夜，以減少鈣質流失。

　　更年期常是中年時期的最佳代言人，尤其在進入中年之後，更年期的賀爾蒙流失，心理及情緒變化，常被形容為**中年危機**（mid-life crisis）。

　　女性在更年期包括卵巢功能萎縮及性腺和賀爾蒙分泌減少，而造成熱潮紅及陰道失去潤滑性（Masters & Johnson, 1985）；除此之外，還有經期不規則，乳房鬆軟及頻尿現象（參見**表5-7**）。目前有關此方面的處遇是使用賀爾蒙來減輕熱潮紅症狀。更年期對性活動的影響不大，而且見仁見智，有些人在此階段性活動降低，但有些人因為此階段沒有懷孕的恐懼，反而增加性需求。至於更年期對婦女心理之影響，研究還未有明確結論。有些婦女會經歷所謂的**後更年期熱絡**（Postmenopausal Zest, PMZ），係指精力和信心大增，而且能自我肯定，此原因的歸因並不是來自生理因素，而是婦女個人心理認為過去人生目標未達成和潛力未發揮，體會處理過去衝突和滿足需求能力日益增加之結果。此外，更年期也免除婦女處理

表5-7　更年期的生理變化

何時	症狀	描述
更年期之前	經期不規則	週期變短或加長，血流變多或變少
更年期	停經 熱潮紅 失眠 心理影響	 皮膚溫度上升又下降，盜汗、心跳加速、頭暈、焦慮，頻率由一個月一次到一小時多次不等，可能持續好幾年 由夜間熱潮所引起，多夢的快速眼球運動減少，干擾睡眠 煩躁、易怒、注意力不集中、短期記憶喪失
更年期之後	神經系統 皮膚與毛髮 尿失禁 陰道 骨質	觸感變得敏感或遲鈍 皮膚變薄、乾、癢、頭髮變疏、體毛增加 膀胱肌肉萎縮、括約肌衰退，導致膀胱失禁 陰道內膜乾燥，造成性交疼痛和易感染 骨質疏鬆及流失

經期的麻煩與困擾，而且不會因失血造成鐵質流失，此些因素也會造成婦女精力和自信大增（Apter, 1985）。Apter（1995）的研究亦發現，更年期婦女並沒有憂鬱和煩躁之情緒傾向；換言之，大家所認為中年婦女的情緒會因更年期而影響，並沒有實徵研究支持。然而，Adler（1991）的研究發現，有些中年婦女可能經驗到憂鬱、焦慮和煩躁，可能是他們對更年期較有負面的知覺與期待而致。所以說來，憂鬱與焦慮並不是更年期所造成的，而是生命中的事件與變化所致，此外，Davis（1989）的解釋則為更年期減少雌激素（estrogen），進而減少腦內啡（endorphins）之釋出，造成憂鬱的情緒。

　　至於中年期是否影響個體之性生活，進而影響兩性之間的關係，而男女兩性在生理變化上是否影響個體之性生活呢？有人說：「三十歲之前男性一天可以行房多次，而五十歲之後的男性多天才能行房一次。」男性面對年齡增長的危機，感受的壓力是要證明個體仍如年輕般生龍活虎，而女性則焦慮個體外觀的變化。身體的變化和心理對身體變化的調適，進而影響個體之性生活。Scarf（1992）認為，個體在性反應會經歷三個週

期變化：性慾、興奮和高潮。性慾與年齡、生理病變（如高血壓、糖尿病、精神疾病等所服之藥物）以及男性賀爾蒙有關。興奮期是身體對性刺激的初步反應，造成性器官的充血。男性在中年期需要心理和性器雙重刺激才能達到興奮期，不似青春期只要性器官或視覺刺激即可勃起。中年時期，如果男女雙方沒有協力調適，會讓彼此雙方萌生壓力而有受辱之感，更影響雙方之性關係。性反應之最後一個階段是高潮期，尤其是休養期（refractory period）會隨年齡的增長而延期（即高潮之間所需的時間），男性在此方面受影響較大，中年男性往往需要半天或兩天才能有第二次高潮，不似少男有時可以在幾分鐘內達到多重性高潮；但女性則隨時可以有多重性高潮，只是賀爾蒙的減少會造成陰道乾澀而使行房不舒服。

　　對男女兩性來說，有關中年的改變，主要在於自我心理上產生「中年危機」。男女兩性皆有更年期之生理改變，不過來自自信心減弱，容易煩躁、憂慮、疲倦，乃是因賀爾蒙失調或心理壓力所致，如工作、對性缺乏興趣，或因家庭壓力、身體疾病、退化之體力而逐漸失去個人之性能力，這些皆有賴專家的協助。

　　身為助人專業者，要熟悉個體在中年時期所面臨的生理變化以及個人知覺此變化的歷程與期待。對於那些有生理疾病的個人，除了倡導個體養生外，應加強宣導早期檢測，透過篩檢及早發現疾病，以減少日後重大的手術程序，預防勝於治療。中年期的預防之道是減少三高，少吃，多運動，每月自我檢查及更年期的檢查。對於已有壓力或有性及生理失調之患者，可以透過支持性團體給予患者同理及誠心的傾聽，也可以減少患者之壓力；除此之外，對於家庭及配偶須瞭解患者之需求，以便就近提供必要之支持。

二、認知發展

雖然過去在認知發展的研究上皆以Jean Piaget的認知發展理論為主，而Piaget的理論則多以青少年期之前的發展為主，唯青少年期之後的成年期，在個體的認知發展上已進入了運思思考能力的形成；而認知發展變化在中年時期是達到顛峰？還是如前述的身體發展已在走下坡呢？以下是中年期的認知發展探討。

Schaie及Strother（1968）的縱貫研究發現，個體之數字、推理、語言、字詞流利及空間視覺能力，並沒有因中年期的到來而顯著衰退，大致維持平穩現況；此外，語言能力甚至到達顛峰，不過智力到了六十歲之後開始衰退。如同Schaie研究的結論：中年人的認知課題是考慮如何（how）應用，不似青少年是著重認知的什麼（what），老年期的為什麼（for what）（參見**圖5-1**）。

圖5-1指出，成人前期的認知改變表現在逐漸獲得新訊息的有效方法，他將兒童少年期的獲得訊息階段，加以應用成為個人之成就階段。到了中年時期是負責階段，先將人們對生活的實際問題負責，然後擴大至社

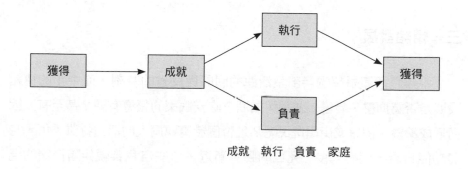

成就　執行　負責　家庭

圖5-1　成人認知發展階段

資料來源：摘自Schaie (1977/78).

會與組織。

如同Schaie（1994）的研究結論認為，成人的認知研究與Piaget的兒童／少年的研究之不同，是成人應著重於資訊的應用，而兒童少年是著重資訊之取得。成人著重知識和技能的應用，以便達成目標與解決問題，這些能力需要社會角色和認知功能加以整合。

中年時期處於Piaget的形式運思期後階段，此時中年人看待問題，不似青少年依照絕對真理（absolute truth）原則來尋求解決問題的策略，而採用個別化的邏輯，透過不同方式去檢視每一件問題，而不是尋求事情之通則化。

中年人認知能力之發展是獲取專業經驗後，再學習思考更為圓融有效的方式，假以時日累積個人術業專攻的能量與經歷，個體便能超越正思運思能力。

從智力論之觀點來看中年期的認知能力。智力可分為兩類：**流體智力**（fluid intelligence）及**晶體智力**（crystallized intelligence），前者主要是以神經的及生理因素的速率和效率功能為主，包括神經速率、歸納及記憶能力；後者被視為是一種個人透過正式與非正式教育所吸收並記錄整合的能力，包括語言的推理、字彙、理解力和空間知覺與辨識力。

三、情緒發展

中年是個體對超過半部生活曲的回顧與反省的時刻，而中年的情緒發展是否為抑鬱、憂鬱，並常與酗酒、吃安眠藥的報導有關？甚至有人因而形成藥癮、酒癮或街頭遊民呢？是否個體審視個人的活力特質不再，身體功能日衰，疾病入侵，死亡的腳步漸近，這些自我審視伴隨情緒的混亂、絕望和停滯，而帶給個體之中年危機。

相關研究各有其支持之處，例如Levinson（1978）認為中年危機是

成人發展的正常過程；Vaillant（1977）發現只有少部分的人經驗這種危機；Apter（1995）則認為中年危機隨時會發生，過程包括一段時間的自我省察和探索；Neugarten（1968）則認為發展本身就是分歧的，端視不同年齡層而定。最早的心理社會發展學者Erik Erikson認為，在中年期形成了一種指導自己與他人生活進程的新能力，這些能力與個人技能：決策能力、規劃未來、預見他人需求，及分析人生各階段的發展能力有關。

創生與停滯是一種心理社會危機，個體能與自我認同相連接，發現個體對社會賴以生存的事物有關並能提供關懷，那麼個體才能擁有**創生感**；相反地，如果個體無法達到中年期的各項要求，那麼個體會導致停滯，進而缺乏心理活動與成長，並形成情緒抑鬱。抑鬱常伴隨著寂寞感及輕生念頭，有些人可能因長期無法成長，例如晉升到一個很高的管理職位，離婚協商或懷疑自己無法往上爬，往前走，實現目標或做出有意義之貢獻，而有停滯的感覺，如果未能有一些冒險或改變，個體可能因抑鬱而影響其生活品質，進而服用藥物或選擇自殺。

停滯感可以分為兩種不同典型：一是自以為是的成人，另一類是憂鬱、自卑成性之人。前者可能散盡所有能量與別人互動，或是期待別人的給予，獲取自利，直到體力衰微之時，取而代之是面對死亡與恐懼。Newman和Newman（1995）曾發現此類型的中年人，在晚年因自我檢討，尤其在年老身衰之後，轉向投入「新興宗教」的活動。另一種憂鬱、自卑成性的中年人，總覺得個人能量有限，資源不夠，無法回饋社會，有著強烈的自卑感，面對自己的未來產生茫然與疑惑。

第二節　中年期的發展危機

在中年期，個體已形成一種指導自己和他人生活進程的新能力，

此種能力與個人的發展任務有關，如決策能力、規劃未來、預見他人需求，以及分析人生各階段的發展能力。創生與停滯的心理社會危機，是Erikson（1963）的創見概念，以作為瞭解中年人所面臨與努力改善子孫後代生活條件的壓力。創生包括生殖能力、生產能力和創造力。Erikson（1963）認為，實現創生感的自我力量是關心，意指廣泛地關懷照顧那些需要自己關心的人、產品或觀念，這也是關懷他人、地球，以增加人類生活品質的原動力。創生是社會賴以延續生存的重要能力，社會中的成年者到了一定時間必然開始感受有意義奉獻自己的資源、技能和創造性，以改善後代人的生活品質。

　　如果中年人未能達到此種期望，那個體就產生停滯。停滯指缺乏心理上的活動或成長。那些一心一意只求自我擴張及追求個人自我滿足的人，很難體驗到照顧他人的樂趣，此時就會體驗到心理停滯感。

　　對於自戀型及抑鬱型的成人來說，此種停滯體驗會有所不同。**自戀型**（narcissistic）的人可能全力積累財富和擁有物產，其與人打交道，考慮的是對方對自己有何用處。他們可能很快活，但到年老體衰、身心健康皆受影響之時，其憂慮會將自滿心境打垮。

　　抑鬱型（depressed）的人體會不到現實感，他們覺得沒有足夠條件為社會做出貢獻、自尊心低、自我懷疑，也不願意認清未來的發展導向。

　　解決中年期心理危機的核心過程是人與環境的互動及創造性。人與環境的互動，包括家庭、工作環境、鄰居、社區、社團等提供個人的社會支持，交換個人的價值使個體產生與社會的連結，以及在共同作用下去影響社會環境的品質，以增加個人的創生感。幸運的是，社會環境錯綜複雜，即使對某些情境不滿，至少可以找到另一個令人滿意的社會情境。例如一個人在工作不順利、找不到滿足的機會下，有可能找到另一個可以投效其精力的志願工作。個人創造性即是拋棄舊思維、追求新的辦法、途徑的願望。個體透過創造性的努力，以全新的思維去組織、表達或系統地闡

述觀點。具有創造力的人不再為社會力量、制度所主宰,而是能自己把握事物的進展。個體不斷地透過創造性去解決問題,成年人可以考慮重新塑造社會環境,以迎合個體及社會的共同需求。

創造性過程自一開始就包含著某種風險,個體必須放棄某些舊方法,嘗試新思維及新的處事形式。此外,在此過程中,個體必須估計自身努力最終導致失敗的可能性。只有不怕失敗、反覆努力去尋找創新解決辦法的人,最後才會創生一種生活哲學。此種哲學對於人的心理需要、個人和團體之理想、社會情境,以及人類發展的未來方向都產生新的概念。只有經過風險、失敗以及艱苦的創新努力,成年個體終將明白他們的信念、生活意義,然後進入成年晚期。

第三節　結語

中年期不似兒童少年時期,個體仍受身體成長變化所影響;相對地,在這時期個體有很長一段時間是沒有明顯變化的,但個體深受過去經驗所影響,著重於個人的省思及反省。不過,在人一生中的三分之二旅程,個體也漸漸感受體力、身體在走下坡,而產生一些變化,例如更年期的影響。同時,也完成人生養兒育女的責任,待孩子離開家而形成**空巢家庭**(empty nest family),是否能留給個人更多時間來衝刺職場工作或投身於社會公益,端賴個體對過去的回顧,及能否產生新的人生觀。

中年危機與否,實際是個體對自己期待更好生活方式並予以承諾的道德危機。一個社會必須關心成人,除了關心自己之外還要關心他人,創生之感要求個人獻身於社會及下一代,如此一來才能推動人們進一步具創造性地、投注個人力量於社會,求得整體社會的進步;否則,個人的生命力是停滯的、具有破壞性的,那麼社會必然也將受到衝擊及產生負面的影

響。

　　個體在中年期會歷經一些生理及心理之變化影響，如癌症和心臟病是中年人最主要的死因，主要受個人所經歷的壓力、人格及環境因素所致；心理變化在心智愈來愈依賴晶體智力（經由時間累積所形成的智力）的運作，如果個體缺乏省思及對變動反應遲鈍，則可能產生中年危機，而不良習性，如酗酒、藥物濫用就是中年期常見的危機影響。在社會層面，因小孩長大而形成空巢家庭，工作流動可能造成失業，皆是此時期可能要面對的社會危險因素，然而社會對他們的支持也最少。

　　創生vs.停滯是有關尋覓人生意義所面臨的兩種相對應危機。人在中年時會透過與環境的交互作用，以及發展創造性來解決此種危機，而此種危機的解決與否將進而影響個體的老年期發展。

參考書目

一、中文部分

林哲立、邱曉君、顏菲麗等譯（2007）。《人類行為與社會環境》（第二版）。臺北：雙葉。

郭靜晃、吳幸玲譯（1994）。《發展心理學——心理社會理論與實務》。臺北：揚智文化。

陳怡潔譯（1998）。《人類行為與社會環境》。臺北：揚智文化。

二、英文部分

Adler, T. (1991/07). *Women's Expectations are Menopause Villains*. APA Monitor. 14.

Apter, T. (1995). *Secret Paths: Women in the New Midlife*. New York: Norton.

Atwood, M. (1991). *Cat's Eye*. London: Virago.

Davis, L. (1989). The myths of menopause. In I. Fenson & J. Fenson (Eds.), *Human Development, 90/91*: 237-241.

Erikson, E. (1963). *Childhood and Society* (2nd ed.), New York: Norton.

Eysenck, H. J. (1989/12). Health's character. *Psychology Today*, 28-32, 34-35.

Friedman, M. & Rosenman, R. E. (1974). *Type A Behavior and Your Heart*. New York: Knopf.

Gould, R. L. (1978). *Transformations: Growth and Change in Adult Life*. New York: Simon & Schuster.

Gutmann, D. L. (1980). Psychoanalysis and aging: A developmental view. National Institute of Mental Health.

Jung, C. G. (1969). *The Structure and Dynamics of the Psyche*. Princeton, PA: Princeton University Press.

Levinson, D. J. (1978). *The Seasons of Man's Life*. New York: Knopf.

Masters, W. H. & Johnson, V. E. (1985). *Human Sexual Response*. Boston: Little, Brown.

Neugarten, B. L. (1968). The awareness of middle age. In B. L. Neugarten (Ed.), *Middle Age and Aging* (pp. 93-98). Chicago: University of Chicago Press.

Newman, B. & Newman, P. (1995). *Development Through Life: A Psychosocial Approach* (6th ed.), New York: Thompson / Wadsworth.

Peck, R. C. (1968). Psychological developments in the second half of life. In B. L. Neugarten (Ed.), *Middle Age and Aging* (p. 88). Chicago: University of Chicago Press.

Scarf, M. (1992/07-08). The middle of the journey. *Family Therapy Network*, 51-55.

Schaie, K. W. (1977/78). Toward a stage theory of adult development. *International Journal of Aging and Human Development, 8*: 129-138.

Schaie, K. W. (1994). The course of adult intellectual development. *American Psychologist, 49*: 304-313.

Schaie, K. W. & Strother, C. R. (1968). A cross-sequential study of age changes in cognitive behavior. *Psychological Bulletin, 70*: 671-680.

Vaillant, G. E. (1977). *Adaptation to Life*. Boston: Little, Brown.

Chapter **6**

中年期之社會化

- 家庭管理
- 職業生涯管理
- 中年失業
- 結語

　　當個體進入中年期，工作的地位決定個人生命中的改變。工作對中年期的成人來說是很重要的，但此期的成年人對工作發展的思考多了些改變；他們不像成年早期只負責執行，獲取成就，在這個時期的中年成人相對地，多了一層對社會貢獻的思考。

　　中年期的成年人在個體發展除了身材改變或是生活風格改變之外，在情緒認知上則與成人早期沒有太大的差異。雖然，中年期在社會化歷程之因子與成年期相同，但其層面和態度卻大大的不同；個體在家庭管理、職場生涯管理及失業上都有相當程度的不同。茲分述如下：

第一節　家庭管理

　　對於大多數的人，家是個體生活於一個結構之中，管理家庭的種種要求和任務是成年期認知、社會及個人的發展。家庭不僅是一個自然環境，同時也是一群人共處的環境。有些人家庭和諧，但有些人的家庭必須面臨各種改變，例如離婚、繼親家庭等。然而有些人無法獲得可保持安定、舒適的家，而露宿街頭或公共場所，這些人被稱為**無家可歸者**（homeless）或**遊民**。淪落成為遊民，有些人是精神不健康，有些人是吸毒、酗酒者，也有些人是逃債者或自我放逐者，這些人沒有固定棲息場所或個人地盤（Landers, 1989a, 1989b）。這些人固然有他們獨自的生活方式，例如獨自一人，不與任何人有社會聯繫；有些人處於殘酷和強暴的環境；有些人身心受到重創等。

一、培育婚姻關係

　　中年人的首要發展任務是培育婚姻關係。婚姻是一種動態關係，隨

著雙方進一步成熟，左右家庭命運的改變，以及生活事件的不斷變化。維護一個充滿生機的婚姻至少有三個要求（Mace, 1982）：(1)夫妻雙方必須承擔義務，使得個人或夫妻雙方皆有發展和進步；(2)夫妻必須建立有效的溝通體系；(3)雙方能夠有創造性解決衝突的能力。對於中年夫妻最難做到的是，即使已建立高度的安定、信任和同理心之後，彼此之間仍能夠產生興趣、關懷和欣賞，進而保持親密關係。早期的中年婚姻研究常著重於夫妻與青少年子女的關係，以及子女離家後走入**空巢期**（empty nest）之適應。

二、家庭管理

家庭能促進個人成長和增進心理健康，學習建立此種健康的環境是中年人的另一項任務，而是否能形成積極的家庭環境氛圍，端視個體是否能預知家人的需求，管理好時間和資源，並滿足個人之需求。一個好的成功家庭管理，需要有下列能力：(1)評估需求和家人能力；(2)進行家庭決策；(3)時間管理及安排；(4)目標設定；(5)與其他社會機構建立聯繫。家庭是一個特殊的社會環境，它指使成年人依據家人的日常需求和目標，盡最大的靈活與彈性，創造力和適應性，讓個人皆能充分發揮作用。

三、為人父母

為人父母是一項非常艱難及辛苦的任務，現代人在滿足個人需求及因應高漲的生活費用之兩難下，志願選擇不生育而造成少子化的社會，其中一項考量是不敢挑戰為人父母。為人父母需要大量的學習，成人也必須在新的情境之中，保持敏銳、靈活，並讓孩子能滿足需求。撫養孩子的體驗因孩子而異，而且家庭系統的變化也要求成人要有新的靈活性和學習

（Zeits & Prince, 1982）。

Duvall（1977）的家庭發展模式強調孩子發展的變化也與家庭發展變化有關。換言之，孩子的需要、能力和社會交往的變化，會促進家庭成員之間的互動、活動和價值觀的變化。Duvall（1977）提出家庭發展有顯著的七個階段：

1.認識及蜜月。
2.生育及嬰兒剛出生的歲月。
3.孩子蹣跚學步的歲月。
4.孩子上小學的歲月。
5.孩子步入青少年的歲月。
6.孩子離開家庭的歲月。
7.做祖父母的歲月。

現代的父母大多晚婚，根據行政院主計處的最新統計資料（2012）指出，臺灣地區女性平均初婚年齡，已從2001年的二十六點四歲遞延至2011年的二十九點四歲；男性則是從2001年的三十點八歲遞延至2011年的三十一點八歲，所以當父母步入中年期，其發展正處於第五或第六階段。當孩子步入青少年期，他們的行為較為獨立，不受父母監督，具有成人體格及相當認知能力，可能會向父母的權威挑戰。此時，父母所強調的原則或道德規範也面臨挑戰，這也是身為青少年父母者常評定家中正值青少年的孩子，成長及教養上較為艱難，同時使得父母倍感壓力，不得不重新評估自己未來的社會化以及父母的效能。傳統的婚姻研究，主要在做父母婚姻關係與青少年子女關係的研究，但近年來由於晚婚與延後做父母，所以中年人的婚姻及子女關係如同成年早期一般，大抵是婚姻之適應及與年輕子女之互動關係。

此外，當父母年近四十至五十之間，孩子正值長大離家上大學、服

役或工作，或有一部分的青少年成家，而其父母已變成祖父母，這段時期稱為**離家期**（launching period）。在孩子不多的家庭，頂多幾年就過去了，而孩子較多時，這段時期可能要花十至十五年。而這段時期常也是母親進入更年期，象徵著夫婦完成了生養孩子的任務。

當撫養孩子任務結束之後，夫妻間關係的變化呈現兩極化：有的夫妻因孩子長大，個人有較多的時間去完成個人任務而出現離異；有的夫妻因孩子離家，雙方卻更加親近。看到孩子建立自己的生活時，許多父母可能開始回顧和評價他們作為父母的功過，並開始尋求新的目標（Rubin, 1980），這也說明中年人在這段時期會投入社會公益或服務的志工行列。

在這個階段，中年成年人還承擔一定的父母職能，只要孩子在經濟上依賴父母，父母就必須努力保持最大產能，但現在有些年輕人寧願在家當宅男，回家靠父母，或稱為「啃老族」。離家的孩子不一定有能力解決職業和婚姻問題，此時期，中年父母仍是孩子建議和支持的最大來源。

不過中年人也被稱為**三明治世代**（sandwich generation），係指中年人必須面對養兒育女的艱辛與困難，同時也要面對日益衰老的老年父母，並要承擔照顧年幼的孩子及年老父母的責任。

隨著醫療科技的進步和生活的改善，現代人比往昔更加長壽（男生平均七十三歲，女生平均七十九歲），老人的長期關懷與照顧遂成為現代人必要的課業，老人的醫療也由急性轉為慢性，且以日常的生活功能為主，飲食、穿衣、如廁、上下床等。雖然照顧年老父母是所有兒女之責，不過大部分的擔子通常會落在女兒及媳婦身上。平均每位婦女須耗費十七年的時間照顧孩子，十八年的時間照顧老年父母（Lemme, 1995）。中年婦女是家庭的經理人，掌管家中大大小小事務，確保家中成員得到適當的健康照護，安排和計畫家庭的團聚與互動，提供家中老少之情緒支持，所以婦女有其特定的**照顧者生涯**（caregiving career），而且還是無給

之工作。

　　照顧他人雖然會給個體帶來滿足感和生命意義，但照顧者往往也必須面對強大的壓力，尤其是婦女，如同蠟燭雙頭燒，日積月累，也會影響個體之身心健康（Aneshensel et al., 1995）；有些照顧者在毫無準備之下就必須承擔照顧的全責；有些人缺乏家庭支持，有了被孤立及拋棄的感受；有些人開始自責，為老人的任何問題責備自己；有些人則受到長期壓力而呈現精神違常問題（林哲立等譯，2007）。身為主要的照護者，宜先考量自己所需的社會支持（如需照顧需求，可考慮政府所提供的喘息服務，尋求因應壓力及問題解求技巧等），而政府也應倡導老人長期照顧的政策與服務，將老人照顧問題考量進去並提供家庭支持，另外更應將老年勞力工作參與及社會經濟之議題予以考量。

第二節　職業生涯管理

　　工作是成人發展的另一種主要情境，工作經驗與個人成長有很大的關聯性，例如個人的舉止活動、智力、社會互動及價值觀等。成年之勞動就業與個人之人際關係、權威關係及技能要求有關。到了中年期，工作是重要的，但對工作的態度卻改變了。

一、人際關係

　　大多數職業都重視培養和善用人際技能，職業生涯管理的成功要求一個人有能力影響他人，給人信任感，善於在群體與人合作並達成任務。成年人必須花點心思掌握人際技能，以增強其在工作情境之價值地位。

二、權威關係

　　工作當中除了與同事的人際關係之外，尚有職場的權威關係。個體首先必須明確瞭解工作環境中的權力結構，並能確認自己在該結構中的角色與位置。

　　職業的發展不可避免地會導致決策的職責和權力的增加，此種權力責任與個人升遷有關；因此，職業生涯管道最終涉及擔負權威責任，以及服從上級權威之能力。

三、技能

　　職業和工作情境之特點將決定個體要具備哪些工作技能。Melvin Kohn（1980）曾研究職業要求與心理發展之關係，結果發現工作的**實際複雜性**（substantive complexity）與**智力靈活性**（intellectual flexibility）有很大關聯性。實際複雜性是指一項工作對思維、獨立判斷以及經常決策之需求程序；智力靈活性是指一個人處理衝突情境、多方面知覺問題、反映自己價值和解決問題的能力。

　　職業生涯管理並不期待個體永遠待在同一職業機構之中，職業流動可幫助個人吸收智力及升遷，但也有一些個人在一生中換了許多工作，然而在中年時期的職業可能會有改變，其原因有四：

1.有些職業在中年期就結束了，如職業運動員，他們的力量、反應、速度和耐力已走下坡而無法達到最佳表現。

2.個人性格與工作需求不符合，或個人工作目標與工作需求不符合。有人在商業很成功時轉行去務農；或者公共事務專家隱退到鄉村經營餐館。

3.察覺個人已達職業可達的頂點。換言之，個體察覺不能再獲提拔，或者日新月異的技術使得個人的技術專長已過時。專業過時（professional obsolescence）係指個體擁有的資訊、理論和技術已經落伍或不管用，而無法勝任職務上完成任務的要求。

4.有些職業婦女等待孩子離家或上大學，就把精力投入職業當中。過去為了承擔家庭勞務，個體將精力奉獻給家庭，現在反過來，個體奉獻更多精力於勞務工作中。

中年時期的第二春（the second career）在當今勞動市場上還是挺夯的。中年職業變化並不是說去重新評估一個人的職業取向，或指向個人無法滿足職場所需，而是指更換工作角色的機會可能由於條件限制或阻礙，而使得工作流動不是很順暢，例如工業（經濟）成長緩慢、工作人員年齡老化、中等管理職位擁擠等（參見**表6-1**）。

男性對工作仍是必要的，大多數中年人對工作似乎較為滿意的，可能是那些已達到個人預期之目標者，他們可能會變成年輕工作者的顧問，給予新進者督導，使得新進工作者在工作生涯上較為平坦。中下階級的勞工會減少工作時間，但高度成功的人反而增加工作時間，這種型態的發展使得他們花更多精力在工作與事業上，使得家庭生活品質消失，進而影響婚姻關係及子女的關係（Hoffman, 1986）。

表6-1　影響中年職業變化的條件

促進變化的條件	阻礙變化的條件
就業充分（工作機會多，職業和工作流動大）	中年人居多的小社會
工作人員流動大	勞動力需要白領及專業僱員
不需要靠才智、訓練即可採用	工作和商業成長緩慢
工作人員皆有養老金計畫（年金計畫）	勞動人口中的女性勞動力較被質疑 工作人員害怕不公平待遇

資料來源：Arbeiter (1981).

　　單身女性的工作歷程相似於男性，但對已婚及有小孩的女性，中年的工作歷程是不同的，對女性相對地投入工作或重新進入職場，會覺得有更好的社會滿意度。

　　人到了中年期，職業尚稱穩定，但也有中年突然失業（第三節再詳述）。此時，個人的工作可能不再是一種職業，而是一種事業。中年時期的職業適應之問題受個體的職業（工作）滿意度、個人內在的事業心、職務升遷及工作變化，以及職場的人際關係所影響。所以說來，影響個體之職業適應既取決於個體之心理因素，也取決於客觀的社會環境因素，分述如下：

1. 心理因素：主要包括工作興趣、事業心、勤奮能力及工作能力等。雖然每一種工作皆會帶來壓力，但可因個體之內在心理及衛生因素來影響其職業適應。
2. 社會環境：即舉凡中國俗諺所云之天時、地利、人和 ，總括來說就是機遇。一般來說，天時、地利等條件較難以改變，但人和（即人際關係）是可以透過個體本身的努力去經營與改善。有了良好的人際關係，對職業適應與事業成功有正向的關聯性。

第三節　中年失業

　　有些人對工作疏離；有些人對工作不滿足；有些人很少在工作中找到有意義的事；有些人因缺乏人際技能、權力或技術的職業生涯管理能力而無法承擔工作，進而失業。失業除了造成對個體經濟生活的威脅，也可能成為每年創生vs.停滯的社會心理衝突的嚴重障礙。

　　臺灣自2000年之後，年平均失業率已達4.27%以上（2012年11月主計

處統計資料），突破國際勞工所稱的充分就業的人口線。依據主計處所發布的中年失業率，在四十五至六十四歲的中高齡勞工狀況，已由1995年平均失業週數的二十點七週，攀升至2000年的三十一點一週，而2001年中高齡失業人口已達八千人（行政院主計處，2002）。中高齡勞工多是承擔家庭經濟的主要來源，失業連帶引發家庭生計及社會問題亟待正視。

一、中高齡失業的趨勢與成因

中高齡失業之趨勢與成因，可能為：(1)中高齡就業人口受傳統產業式微及關廠歇業之衝擊；(2)事業單位缺乏僱用中高齡勞工意願；(3)中高齡求職者就業及轉介困難；茲分述如下。

(一)傳統產業式微，轉型困難

依據行政院主計處1989至1998年進行的「人力資源調查」，非初次尋職的中高齡失業者失業原因，近十年來約有四至五成係因工作場所歇業或業務緊縮；意即臺灣每十位中高齡失業者中，有四至五位因遭「關廠歇業」而失去工作。經濟部「國內外經濟統計指標速報」顯示，1998年臺灣地區關廠歇業家數為十萬七千七百五十餘家（含營利事業歇業家數五萬零九百四十五家，公司解散及撤銷家數二萬四千二百五十五家，工廠申請註銷家數六千七百八十八家，商業登記歇業家數二萬五千七百六十三家），1998年關廠歇業家數已較1989年增加了三萬七千七百九十七家，為1989年的1.8倍。到1999年撤銷及解散之公司數由二萬二千家，資本額一千八百億元，至2000年撤銷及解散公司資本額已近五千億元，數目已達三萬九千家。

中高齡勞工就業與失業情形，從2000年10月中的中高齡失業者原先所從事之行業觀之，以營造業一萬四千九百三十一人（32.1%）居首，後

為製造業（26.7%）及批發零售與餐飲業（16.3%），社會服務及個人服務業（10.3%）居末。一般認為，「建築業不景氣」、「傳統產業缺乏競爭」及「民間消費減弱」，是讓中高齡失業人口無法下降的主因。因此，經濟不景氣下，工作場所關廠歇業或業務緊縮者比率增高造成之失業衝擊已不可小覷。

(二)事業單位僱用中高齡勞工意願偏低

不利中高齡者就業之原因，除產業結構的改變外，還包括僱主之僱用意願低落。根據行政院勞委會1995年進行「民營事業單位僱用中高齡勞工及派遣人力調查報告」顯示，希望在未來一年僱用中高齡勞工之民營事業單位僅13.03%，而有86.97%的民營事業單位不願意僱用中高齡勞工，其原因以「現僱人員已足夠」占55.06%居首，其次為「沒有適合的工作」占35.81%，再者「效率不高」占10.26%，其餘選項則未超過10%。

此外，行政院主計處在1998年「事業人力僱用狀況調查」報告中亦發現，近八成廠商不願意僱用中高齡勞工。報告中顯示，遇有短缺員工時，僅有20.47%之廠商願意僱用中高齡勞工，另有79.53%之廠商不願意僱用中高齡勞工。2005年5月「事業人力僱用狀況調查」同樣顯示，臺灣事業單位不願僱用中高齡勞工之主因，以認為「體力不堪勝任」最高，占49.1%；其次認為「職業適應性較低」，占28.8%；第三，認為「工作效率差」，占28%；第四，認為僱用「年長者薪資高將增加人事成本」，占22.6%；由以上各調查結果顯示，民營企業不願意僱用中高齡勞工的現象相當普遍。

(三)就業及轉介困難

行政院主計處在2000年所做的人力資源調查得知，中高齡失業求職途徑以透過「熟人介紹」最多，占77.4%；其次為「求才廣告及雜誌」，

占53.9%；於公、私立就業機構中申請者分占4.4%及5.8%。

　　行政院主計處1998年發布之「失業狀況調查報告」中則顯示，失業期達半年（二十六週）及以上之長期失業者中，「曾遇有工作機會但未就業」或因「缺乏就業求職資訊」而失業者，占11.73%；因「景氣不佳致缺乏工作機會」者，占38.13%。年齡方面，以三十五至四十九歲之失業者，占42.37%最多；餘因個人因素（如技術、學歷、年齡等限制）而長期失業者，占50.14%，其中因「技術不符」或「學歷、科系限制」而長期失業者，占13.07%；因「年齡限制」致長期失業者則占22.40%。而就中高齡者而言，其最主要原因為「年齡限制」，占39.39%，相對於其他年齡組別高出許多，這項數據意味著中高齡者求職時，因年齡的因素而受到諸多的限制，此亦顯示出，中高齡者再就業時所遭受之困難，未必完全因為其技能較差，而係因為其「年齡」較大。

　　此外，中高齡者透過公設就業服務機構求職及被推介就業的比率偏低。勞工委員會職業訓練局「臺灣地區職業訓練、技能檢定與就業服務統計」資料中顯示，中高齡求職者經由公設就業服務機構轉介，其求職就業率與推介就業人數相較於整體平均求職就業率皆為低。

二、中高齡失業所產生的社會問題與衝擊

　　失業不僅造成個人之影響，同時也對社會衍生一些社會問題及衝擊。比較1982與1995年失業潮中高齡失業現象及變遷時指出，相較於其他年齡層之失業者，中高齡失業者在尋職時，需要更長時間才能找到新職；而中高齡者再就業時常受到僱主不平等的對待，加以中高齡者體能較退化、教育程度較低、工作技能折舊，都使得其轉業較為困難。中高齡者由於通常負擔主要家計責任，加上平均失業期間又日漸延長，其失業問題實值得重視與關切。隨著經濟不景氣、失業人數攀高、臺灣家庭儲蓄日

降、失業週期漸升、政府債務日重，進而使得社會民眾情緒不穩、家庭紛爭四起、地下經濟猖獗，這些情況都說明臺灣社會因應失業的緩衝耐力漸失，是一項極大的隱憂。

(一)國民平均所得縮水，生活水準下降

　　社會抗拒高失業衝擊關鍵因素，涉及長期所累積的國富存量（家庭儲蓄、企業資本累積等）之多寡。以臺灣相較於國際間失業率攀高的國家日本為例，日本國富存量因高於臺灣，失業率雖同逾5%，但其社會對失業的抗壓能力遠高於臺灣，使其即使在1990年代後期經濟趨緩，但2000年時日本的平均每人GNP仍高居全球第一。

　　一般而言，國民平均所得會被視為衡量社會平均消費能力與國民生活水平高低之指標之一；臺灣失業率逐年攀高結果，已使國民平均所得縮水、生活水準倒退；2001年底臺灣已有一百三十萬戶的儲蓄率由正轉負，失業逾一年者也由六萬人升至十萬人，失業的衝擊正在深化強化之中。失業者遭資遣後以擺地攤或開計程車餬口者極多，有些或返家務農，但此已使這些原本不穩定之「邊際就業機會」營收更不穩定。

(二)民生痛苦指數增加，社會問題層出不窮

　　一旦家庭儲蓄耗盡，須以舉債度日，或企業公司跳票倒店而債台高築時，集體的痛苦指數隨之升高。臺灣社會所面臨的生計壓力與失業恐懼，已間接導致兒童虐待、家庭暴力，乃至各項犯罪事件等社會問題頻傳。

　　中高齡人口原本就須承擔較大的家庭生計責任，失業帶來的問題，影響所及即是家庭生計陷入困境，突陷經濟困窮則易犯下財產犯罪事件；臺灣失業率增加，可說是近年來臺灣財產犯罪事件相對升高的因素之一。另外，中高齡失業人口因為教育程度較低，並以勞力工作為主，在長

期的失業與待業過程中，迷失自我，甚至以酒精或毒品來麻痺自己，也易對家中老弱婦孺施暴，導致家庭暴力案件增加，連帶離婚事件增高，單親家庭愈來愈多，如此勢必影響到下一代的教育與社會適應力問題。長期失業下的精神壓力也使得失業人口表現出強烈的社會攻擊性，突發性的性別暴力犯罪可能性也將相對提高。

近年，臺灣不斷出現的失業父母攜子女自殺事件，也顯示社會福利邊緣戶遽增的問題。失業的家長在臺灣現有的福利措施個案篩選標準之下，是被忽略的一群。但現在經濟如此不景氣，失業率加倍，結構性失業因素強烈衝擊著整個社會與家庭，只見政府投注大量資金穩定股市，對失業家庭卻缺乏提供實質彈性之照顧措施，這種因失業問題同時引發的高危險群家庭社會安全議題，亟待重視。

(三)失去工作，對個人身心造成影響

大多數失業人士常是多年來頭一次嘗到失業滋味，他們會覺得被人遺棄，無足輕重，反思過去工作的無價值，甚至造成個體之自卑感。失去工作除了自我退縮與自我懷疑，還會造成家庭壓力，使得家庭形成衝突戰場或產生家庭暴力。工作與家庭角色的結合與調適是一件困難的事，即使有工作已是如此，失去工作亦是如此。但失去工作的個體，除了個體的自卑，再加上家人的責難，都會使自我產生更大衝突，此時有賴家人的支持、溝通，或找尋外部的資源，獲得自我衝突之解決與轉化。

第四節 結語

成年中期的行為發展是社會適應對社會期望的反應。在成年期工作一段時間後，中年時期會逐漸摒棄空洞的理想主義，採用真實、有理想的

人生觀。理想和現實往往有太大的距離。在這時期大多數的人已完成成家立業，但也有人因種種因素仍保持單身或離婚，也有人離開工作職場。大抵來說，家庭和職場管理是中年時期的兩大特徵。

在家庭和職場之間似乎也是一種趨避衝突的角色壓力，而不僅如此，在時代輪轉變遷之下，中年時期也有承先啟後的使命，不但承自上一代，也要關懷下一代。當一個人開始檢討現有的生活方式，以重估未來的人生方向時，就可能已面臨中年危機（mid-life crisis），此時個人的事業、家庭與人際關係，都會有所調整以迎接生命的下一階段。

參考書目

一、中文部分

行政院主計處（2002）。91年度人力資源調查提要分析。91年度人力資源調查結果。取自http://www.dgbas.gov.tw

林哲立、邱曉君、顏菲麗等譯（2007）。《人類行為與社會環境》（第二版）。臺北：雙葉。

二、英文部分

Aneshensel, C. S., Pearlin, L. I., Mullan, J. T., Zarit, S. H., & Whitlatch, C. J. (1995). *Profiles in Caregiving : The Unexpected Career.* San Diego: Academic Press.

Arbeiter, S. (1981). Mid-life career change: A concept in search of reality. In J. O'Toole, J. L. Scheiber, & L. C. Wood (Eds.), *Working, Changes, and Choices* (pp. 213-228). New York: Human Sciences.

Duvall, E. M. (1977). *Marriage and Family Development* (5th ed.). Philadelphia: Lippincott.

Hoffman, L. W. (1986). Work, family and the children. In M. S. Pallak & R. O. Perloff (Eds.), *Psychology and Work.* Washington, DC.: American Psychological Association.

Kohn, M. L. (1980). Job complexity and adult personality. In N. J. Smelser & E. H. Erikson (Eds.), *Themes of Work and Love in Adulthood* (pp. 193-210). Cambridge, MA: Harvard University Press.

Landers, S. (1989a). Homeless mentally ill gain research push. *American Psychological Association Monitor, 20 (4)*: 33.

Landers, S. (1989b). Homeless children lose childhood. *American Psychological Association Monitor, 20(12)*: 1.

Lemme, B. H. (1995). *Development in Adulthood.* Boston: Allyn & Bacon.

Mace, D. (1982). *Close Companions: The Marriage Enrichment Handbook.* New York: Continuum.

Rubin, L. B. (1980). *Worlds of Pain: Life in the Working-Class Family*. New York: Basic Books.

Zeits, C. R. & Prince, R. M. (1982). Child effects on parents. In B. B. Wolman (Ed.), *Handbook of Developmental Psychology* (pp. 751-770). Englewood Cliffs, NJ: Prentice-Hall.

Chapter 7

老年期

- 老年期的發展任務
- 老年期的發展危機
- 結語

　　韓愈的〈祭十二郎文〉中提到：「吾年未四十，而視茫茫，而髮蒼蒼，而齒牙動搖。」古人近四十已近老年，但現代人營養好科技進步，很難用年齡來界定老年。現代定義「老年」，除了用客觀年齡之外，個人主觀心理的老化詮釋，也相對重要。

　　在美國，對2010年出生的人預期的生命餘命，白人男性是七十一點六歲，女性是八十一點八歲，對非裔美國人男性是七十點九歲，女性是七十七點八歲（U. S. Census Bureau, 2003）。在臺灣，2005年出生，男性的平均餘命是七十四點五歲，女性是八十點八歲（內政部統計處，2007）。影響一個生命之存活已有證據顯示是社會系統影響一個人的生物系統，諸如醫藥的進步、生活方式的選擇、健康照顧服務的可及性及成功因應壓力等。聯合國已將2010年訂定為**成功老化年**（Successful Aging Year），意味著老年化已是世界趨勢，由於醫療、衛生、營養技術的重大突破，使更多的人在出生之後能存活並能度過六十歲之前的中年期，邁向生命力旺盛的老年期。

　　老年問題連帶涉及老年性別結構，世界各國皆可發現老年人口中女性多於男性，比例大約是6：4，尤其在開發中國家更為突出，例如日本、北歐和美國。相較於五十年前，老年人口性別比例相當，而今天這種性別結構的差距日益增大，而更引人注目（U. S. Census Bureau, 2003）。尤其女性的壽命從1900年的一百零五歲到1980年的一百一十五歲（Meyers & Manton, 1984），到了2000年之後，女性壽命極限也可能還會再提高。

　　隨著老年期階段愈來愈長，而老年是活得愈老，還是活得健康？高壽也帶來更多的生命體驗、發展新的技能、發現個人潛力的種種機會，同時社會及政府也更積極重視這些老人的健康及照護，而發展長期照顧的社會服務，以提供老年及其家庭因應年齡老化所衍生的生活問題。高壽帶給個體新的體驗，而在這時期，他們也必須為其生命結束做準備，為自己做閒暇新角色的調適，以及尋求符合個人生命風格的創造性生活方式。

　　跨入老年期，老年人透過過去階段所獲得的創生，個體開始顯露追求成就與權力（功成名就）的解脫，而對個人整體做一生的省思與回顧，同時將自己過去生命歷程中的經驗與收穫、未來展望，以及對危機的適應，運用於個人對其生命意義的追尋。

　　老化是成功抑或失敗？代表著個體對心理發展和身心變化逐漸衰退的一種省思和定義。貧困和苦難對老年期產生的心理打擊最具毀壞性，而身體的衰老帶給個體怪癖行為、機能衰退和依賴性，以及個人生活功能（如記憶、推理能力、問題解決能力）的急遽喪失。老化和慢性病是老年期普同性的問題，但是否會帶給個體抑鬱和絕望的陰影，斷然結束自己的生命，或帶給子女及家庭嚴重的心理和經濟困難，這些變化均會影響老年生活，同時也影響其家庭及社會，因此維持健康及活化的老年期是個體在此時期最重要的發展任務。從Erik Erikson的心理社會發展理論來看，無論個體的生活條件如何，是否能靈活的思考，有能力消除日常生活的障礙、困難和矛盾，老年期對個體而言就是一個十分艱難的挑戰，尤其負向及身體老化帶給個體的體驗，對不同階層、不同收入的個體，皆須透過對自我經歷的內省（introspect）來達到個體的整合感（sense of integrity），否則個體找不到生命的意義，變得藐視別人的弱點，心中永遠充滿悔恨和遺憾，進而成為對個人人生的絕望（despair）。Erikson也強調老人應持續參與社會活動才是老年充滿活力的重要關鍵，因為參與活動會讓老人覺得有生命的統合連貫並持續體驗生命。

第一節　老年期的發展任務

一、生理變化

老年期（old age, elder or aging）的年齡應如何劃分，實有很大的分歧。Erik Erikson（1968）將六十歲之後的人稱為成人晚期（late adulthood），其弟子B. M. Newman和P. R. Newman（1999）更將成人晚期分為成年晚期（約六十至七十五歲）和老老年期（very old age，七十五歲至死亡）；而Charness及Bosman（1992）將成年晚期分為青老年（young-old）、中老年（middle-old）、老老年（old-old）和極老年（very old）。在**青老年期**，個人開始退休或保持半退休狀態，朋友們開始逝去，個體慢性病增加，甚至惡化，伴隨著心理憂鬱，有些人成為受家庭照顧者，但大多數青老年仍保持活力，因應能力也佳；**中老年期**，個體慢性病加劇，朋友死亡，伴隨壓力，身體障礙增多且功能退化，但也有些人仍因應良好，且在身體、心理及社會方面仍很活躍；**老老年期**，個體開始依賴他人且有失能現象，心理違常也日益加重；**極老年期**，個體失去生活自理功能，極需家人或社會的照護，很多人臥床或待在養老院裡。

Twente（1965）是創立社會工作優勢取向（strength perspective）理論的社會工作者，也是一位教育家，雖然身為老人，在七十五歲時出版《永遠不會太老》（*Never Too Old*）一書。她認為老人仍具有創造力，老而彌堅，所以個體的生理年齡和生存能力、毅力與生命的實現並沒有必然的關係。

老年期的生理改變與衰退因人而異，Santrock（1995）指出，老人在生理系統的改變有：

1.骨骼系統：老化、骨質疏鬆、脊椎退化，每年約減少2至4公分，退

化性骨關節炎普遍，常伴隨腳趾囊腫、踵刺、腳皮長繭。

2. 肌肉系統：體脂增加、肌肉收縮力道及速度減弱，活動容易疲憊，失禁，肌肉細胞萎縮導致肌力喪失，造成老年行動力變慢。

3. 腦和神經系統：神經功能流失、神經傳導變緩慢、血流量減少、膽固醇增加影響神經傳導，進而干擾感覺和認知功能；腦中風、失智症、帕金森氏症是老人常見的神經系統疾病。

4. 感覺系統：肌肉、骨骼、神經功能的變化造成步伐緩慢，平衡感減弱，事故傷害增加；觸覺敏感度減少，痛覺容忍度增強，嗅覺、味覺、視覺以及聽覺也退化；白內障、青光眼、黃斑病變是此時期常見的眼部疾病。

5. 循環系統：左心室變大，動脈瓣膜和心內膜變厚；彈力素纖維組織膠質化和鈣化，造成動脈變厚和硬化；肥胖、缺乏運動、焦慮、疾病、血管硬化造成血壓升高；靜脈血管變厚，失去彈性，使得心臟功能受影響，此與心臟血管疾病有關。

6. 呼吸系統：肺功能減少，肺部失去彈性，胸部變小，橫膈膜變弱，鼻管組織變化，造成膈膜收縮，引起打鼾或以口呼吸。

7. 皮膚系統：皮膚老化乾燥，有斑點、皺紋及鬆弛，指甲變軟、易裂，銀髮、禿頭；皮膚粗、毛變多。

8. 性：男性可能會因生理功能而影響性能力，但女人因缺乏賀爾蒙會陰部乾燥而不舒服，但不會影響性慾。Duffy（1998）指出，老人不只能維持性趣，也持續有性活動及能力。除了生病或生理問題，男性並不會因年齡而失去性能力，不過比較需要人工刺激才能夠勃起，影響之因素可能是疲倦、酗酒、憂鬱、憂心性無能，或因心臟血管疾病、神經系統、內分泌、泌尿科生殖器等問題。多數性無能之問題可透過社會心理之性治療找到病源而解除。性生活可促進老年之心理健康，Marsiglio及Donnelly（1992）的研究發現，老年的

自我價值、性能力和伴侶的健康與性生活次數有正相關,所以說來
老人也是有性的需求及能力。

9.內分泌系統:老化的過程造成性腺及胰島素產生變化。胰島素缺
乏,造成細胞無法利用儲藏糖分致血液中葡萄糖增加,造成糖尿
病。性腺減少分泌造成女性更年期,男性的性勃起時間要更長或需
要更直接的刺激。

身體老化容易對健康產生威脅,特別是慢性病(Santrock, 1995),
青老年少有慢性病,中老年逐漸增加,老老年變得很普遍,所以說來慢性
病與年齡的增加呈現正相關。最常見的老人慢性病有風濕症、高血壓、心
臟血管疾病、聽障、白內障、骨骼疾病、鼻病、糖尿病等,所以老人也
是健保給付的最大消費群,每日清晨在各大醫院常見老人掛號、看病及
領藥;老人更是住院留院及門診最多的族群,同時醫療花費也最高。因
此,健康維護遂成為老年族群最重要的問題,這要靠平時的健康檢查、
規律的運動、減少壓力及憂鬱,再加上均衡的營養以維護老年的生理健
康。正規的運動可以阻止很多老化的影響:一來可防止肌肉組織萎縮,增
加關節活動;二來促進呼吸及持久,增強血液循環,減少心臟疾病;如果
再加上不抽煙、不狂飲、不濫用藥物及注意飲食皆可保持精力及活力,也
可免於退化所引發的疾病之苦。

二、認知發展

記憶、推理、閱歷、問題解決能力以及心理堅毅力和易變性,都會
影響老年的內省、評價個人過去生涯與規劃未來的能力。刻板化的觀點認
為,成年的老化會變成智力退化;換言之,智力會隨年齡增長而退化。這
個問題被認為:第一,可能是由於年齡差異和年齡變化的區別,雖然在
1985年美國一次橫斷研究中指出,七十多歲的老年人的智力表現不如四十

多歲，這未必是年齡的結果，美國人口普查局（U.S. Bureau of the Census, 1989）發現，在1988年六十五歲及以上的老年人只有13%是大學畢業，但在三十及四十歲的青年大多數可從正式教育獲得很多知識。但是縱貫研究，雖然追蹤各個時期的變化，但是只有包含一個族群的標本，仍不能說明年齡與發展的結果。例如Schaie（1994）即發現，有些人的智力會隨年齡增長而衰退，但有些人卻隨年齡增加而增長智力。不過Horn（1982）的橫斷研究結論是，晶體智力（指資訊的累積和語文能力）隨著年齡增加而增加；流體智力（抽象思考能力等）則隨著年齡增加而衰退。

第二，可能是認知功能的定義，認知功能包括不同的能力，諸如語彙能力、問題解決能力、短期記憶等。這些能力與年齡之間的變化以及與個人常用的知識可能有很大的關聯。

第三，可能是測量成人認知功能的工具及其定義與功能有關，一般用智力測驗來測量認知功能是與學校課程所教導的知識有關。

最後，健康因素與老年的認知功能可能有關，每位年長的老人在接近死亡的狀況時會影響其平均智力表現，而且藥物的使用也可能引起器質性違常的症狀。

不過在資訊的取得（retrieval）、記憶和反應時間等方面的確業已研究證實，老年因身體功能老化而呈現退化現象。Schaie（1987）就發現，有些老人即便到了老年期，其智力表現仍沒有退化，其特徵為沒有心臟血管疾病，經濟地位中上，積極的生活風格及生活態度較有彈性。因此，Azar（1996）就建議老人應保持彈性的生活態度、勇於接受改變、喜歡學習新事物和能適應新環境，那老人心智就較不會退化。

Craik及Byrd（1982）研究指出，老年人的注意力並非有缺陷，而只是不夠有效率（inefficient），他們也會有深度訊息處理能力。Wright及Payne（1985）研究發現，老人在工作的反應時間及反應速度會比年輕人顯得效率較差，但經過高活動力的練習成為固定的生活形式，可以防止隨

年齡增長而產生的認知遲緩。

如果從個人工作之生產效率與品質來看,高品質的創造作品可能在三十至四十歲期間達到顛峰,但有價值之作品可能會稍晚。不過這些區別在不同領域也有不同,科技類可能在四十歲左右,而人文類在七十歲仍有相當高水準的作品。年長受重視的程度也因文化而有所不同,中國比較尊重「老」前輩,尤其在中國大陸缺少科學家,有些年過六十歲、有教授頭銜者仍可以持續工作,這完全取決於個人的健康情形(Newman & Newman, 1999)。

老年期的認知模式既不是單方向的(unidimensional),也不是穩定的,它受環境所影響。這些環境會對不同歷史條件或不同社經條件的成人產生作用,而且心智功能也受身體和社會系統之交互作用所影響。

三、自我發展

(一)Erikson的心理社會理論

Erikson(1982)認為,人們的工作是認為他們的生活是統整與一致的,他們必須接受自己的生活,從中發覺意義,以發展自我統整。唯有在絕望掙扎後才能獲得自我統整,那就是一種睿智。Erikson也提到,老年人並不會終止其中年期的創生,有時候人到晚年也是一見生產與創造力的時期。

(二)Levinson的人生季節論

Levinson等人(1978)透過訪問美國東部男性發現,男人約在六十五歲轉變到老年期,絕望是普遍現象,通常男人到了六十五歲,認為年輕不再,美好的歲月已逝,對社會的貢獻也將終止。但Levinson也提到**晚晚成人期**(late-late adulthood),形容近八十歲的時期才是人生最後一個階

段，此時個體覺悟到死亡的來臨，並找尋一個普遍與個人對生命及死亡的意義。

(三)Jung的成年晚期理論

Jung（1969）認為，老年人仍努力自我發展。在老年期，男人的女性特質表現與女人的男性特質表現顯現出妥協衝突傾向。Jung認為，老人期在探討個人的價值與內在世界是一種內向傾向（intraversion），相對於成年期與中年期，則表現其外向（如家庭、事業）（extraversion）。

四、自我反省

回顧和懷舊（reminiscence）是一種過程，當個人體認到生命到達終點，會試著對過去的人生事件重燃興趣，以喚起對這些事件的意識和知覺，尤其對過去未解決的事件與衝突做一檢視，期望從這過程中取得統整（integrity）。統整的功能有二：一是對生命重整；另一是對死亡做準備。到了老年期，個人的任務大抵已完成，且成功抑或失敗的經驗也已累積，個人將這些經驗累積以判斷一生的功過。然而，某些角色負荷的輕重也影響另一些角色的改變，包括婚姻、養育子女、工作事業等也委實考驗個人之目標與成就。每個人不可避免地會對自身成就的侷限有一些程度的失望，他們必須面對眼前的現實，並體驗個人成就與目標之間的差距，這種接受個人過去生活既成事實的過程，對個人或許也是一種嚴峻的考驗。一個人必須將過去的失敗、包袱、危機、失望，結合到個人自我形象之中，而不是背負無力感的內疚；此外即使沒有完全達到個人的期望，也必須為個人成就感到驕傲。有些年長成人在回顧過去時變得十分抑鬱，並對未來感到憂慮，疾病、死亡、過去經歷的危機成為現階段生活的主要關注內容；另外有一些人剛愎自用，將他們的生活自喻為年輕人，不服

輸，不能忍受失敗的挑戰。這兩種人都使得他們的老年期變得很緊張、不滿足。相對的，當個人坦然面對人生，接受失望或危機，且能將這些經驗當作個人成就予以看待，而能對個人一生做一總體平衡，那麼這個人將能對自己一生採取較靈活的態度，並增大朝向成功的可能性。

Flanagan（1980）針對三千多位年齡分別是三十、五十及七十歲的人士，要求他們評估生活滿足的因素，得到下面的十五類清單（checklist）：

1.物質幸福和經濟保障。

2.健康與人身安全。

3.與配偶的關係良好。

4.生育並撫養孩子。

5.與父母、手足及其他親戚關係良好。

6.與朋友關係良好。

7.幫助他人或鼓勵他人。

8.與社區及國家政府的活動有關聯。

9.智力不錯。

10.個人計畫。

11.職業角色。

12.創造力及個人表現。

13.社會化不錯。

14.有休閒活動（被動地觀察）。

15.主動參與休閒活動。

這一研究對於成年晚期接受個人的生活體驗有五點結論：

1.大多數人對自己的生活以及自己需求被滿足的方式感到滿意。

2.三十至五十歲是個人生命最旺盛的時期，雖然他們不以為然。

3.養育子女是成年期最大壓力來源也是衝突（同時是滿足也是壓力來源）。

4.對父母身分及工作滿意度隨年齡增加而增長。

5.生活的滿意不僅與客觀因素測量有關，也可能與個人人格對人生事件的詮釋有關。

五、建立死亡觀

不可避免地，在成年晚期，嚴肅的、駭人的和令人不愉快的有關死亡的問題，充斥著個體的思想。個體對死亡的觀念源自於兒童期，而且對死亡概念的認知也是一種過程。在幼兒期，幼兒無法想像死亡的不可逆轉，他們往往將個人的死亡擬人化，認為一個人某一刻死亡，又可以在某一刻復活。同時，幼兒有了死亡的概念，但不會將此種概念與他們自己或和他關係密切的人產生關聯（Anthony, 1972）。到了青少年期，個體仍未能整合認同，他們仍不會面對遙遠人生的未來而保護自己，他們可能提出關於死亡、生命的意義及死後生命的可能性之問題，而且也建立一種死亡觀。在此階段，死亡帶來的恐懼，其與個體的自戀和自我價值感有關。成年期個體形成親密的連結，對親密對象的死亡產生焦慮並形成個體之責任感，所以此時的死亡觀是由關注個人的死亡拓展至評價與他人關係之相互依賴性。到了中年期，個體意識人生已走完一半，隨著父母或其他長輩的死亡，死亡意識愈來愈具體化，同時個體對自己家庭及社區之影響和責任，不斷增加效能和生命力（創生感），因而減低對死亡的恐懼（Fried-Cassorla, 1977）。到了成人晚期，對於死亡的自我擔憂變得較小，個體開始隨著進一步生活並將死亡視為一個自然人生歷程之結果，因而接受自己的生活。死亡不再對個體價值產生威脅，甚至個體成就實現或影響他人生活，個體逐漸接受死亡這一事實（Newman & Newman, 1999）。

　　死亡觀除了要求個體自我接受個體死亡的能力，同時也要求承擔喪失親友的能力。Kalish及Reynolds（1976）研究調查不同年齡的個體對死亡的關注，結果發現年老的人比年輕的人更明顯地會考慮死亡的議題，他們參與死亡的儀式及做些特殊安排，例如購買墓地、為身後事預先準備、寫遺囑等也較多（參見**表7-1**）。

　　個體對死亡的恐懼是自然及正常的體驗，其原因可能是：(1)與實際過程有關；(2)與死亡後果有關。前者包括害怕孤獨、生病，讓別人看到痛苦，或對自己（身心）失去控制；後者則包括害怕被人遺忘，喪失認同，別人會感到悲痛，身軀解體，來世受到懲罰（下地獄）（Florian & Kravetz, 1983）。死亡對年長的人不似年輕人那麼恐懼。理由可能是：(1)年長的人往往較篤信宗教，會從宗教概念中獲得較多的安慰；(2)年長的人比年輕的人較接受自己生活及自我抉擇；(3)年長者較熟悉死亡（Kalish & Reynolds, 1976）。

(一)死亡與悲傷

　　成人晚期或老年人不僅要應付自己的死亡，同時也要因應自己所愛的人的疾病與死亡。對所愛的人死亡所伴隨的情緒痛苦稱為**喪失**（bereavement），通常這是個體重大的生活壓力事件，伴隨身心症狀、角色喪失及強烈的情緒，如憤怒、悲哀、焦慮和抑鬱，有時生離死別的壓

表7-1　不同年齡層的個體對死亡的恐懼

	年齡		
	20至39歲	40至59歲	60歲以後
害怕／恐懼	40%	26%	10%
既無怕也無不怕	21%	20%	10%
不怕死／渴望死	36%	52%	71%
視情況而定	3%	3%	2%

資料來源：Kalish & Reynols (1976).

力增加生存者的疾病,甚至死亡的機率。情緒的強度也因人而異,通常至少持續六個月,如超過六個月,那需要尋求心理治療。抑鬱、困頓及失落常會引起悲傷(grief),例如失去親友、體驗喪失、失去控制和能力、失去身體及執行計畫之能力和夢想的失落(Kalish, 1985),此時身心皆有影響,身體如頭痛、腳軟、窒息感、空虛感等,而心理的情緒如憂鬱、傷心、悲痛、憤怒、罪惡感等。

(二)死亡與臨終

面對死亡的過程與方式因人而異,Kübler-Ross(1969)一共訪視了兩百位瀕臨死亡的病人,最後歸納出面對死亡的五個階段:

1. 否認與孤獨(denial and isolation):「不是我」,這是瀕臨死亡初期最常見的反應,當事者覺得震撼、不信。這是一種防衛機能,提供一些時間與機會讓當事者能夠面對死亡之事實。

2. 憤怒(anger):「為什麼是我?」提供個體抒發生氣憤怒的機會,瀕死的人常會將怒氣發洩在愛他或照顧他的人。此種反應不是針對個人,而是痛苦求助的徵兆(symptom),對周遭的人、事、物表示抗議及嫉妒的表現。

3. 討價還價(bargaining):「如果我……那我是否會活更久?」「早知道,我就……」這些反應是個體企圖延續生命的表現,臨終之人相信好行為必有好報,協商、妥協可以延命。

4. 憂鬱(depression):「我覺得傷心、失落、悲傷」,個體夾雜著失落、罪惡感和羞愧。如果沒有充分與人溝通、對質,他可能錯失解決人際關係困難的機會。但如果個體已能坦然面對死亡,則成為一種有備而來的憂鬱,考量自己的生命及可能即將的失落(失去自我、親友、自控能力)。

5. 接受(acceptance):「我已準備好了」,不再退縮,而開始嚴肅

　　思考面對死亡的機會，處在這個階段的個體，可能是軟弱、退縮，無法與別人溝通。

　　Clay（1997）根據一些專家的考量，建議可由下列四方面來幫助臨終病人：

1. 減輕他們的擔憂，幫助他們回顧生命及處理未完成之事務。
2. 再三強調他們已完成人生歷程，可以坦然放手。
3. 可用圖像或想像或鬆弛技巧來紓解個體之憂慮。
4. 可用藥物來舒緩個體之生理痛苦。

　　儘管個體因失落或面對死亡常會引起一些情緒和感受，照護者如能適時給予同理的回應，協助個體辨認自己的情緒，並懂得如何尋找支援與幫助，以找出表達情緒的適當方式，對老年期的人而言都會有所幫助。

六、建立心理歷史觀

　　心理歷史觀（psychohistorical perspective）是個體對過去、現在及未來的整合。老年期已經歷各種體驗、決策（婚姻、家庭、養育子女、工作）以及個人哲學之形成。所以老年期經過內省與創新的因應過程，常將現實的要求與過去的重大事件結合在一起。例如我們常聽老兵敘述當年抗日戰爭的口訴歷史來傳遞他們那一代的生命意義與價值，因為他們是歷史（時間）的見證者及記憶的儲存者，這些生命歷程或故事敘述可以為其下一代傳遞一些集體認同，及幫助下一代在未來繼續生存與傳承，他們透過改變將個人智慧和過去、現在與未來做一個連續及聯繫。

(一)喪偶老人的身心影響

　　喪偶老人的悲傷對其生理、情緒、認知、行為都會產生不同程度的影響，茲分述如下：

專欄7-1　　老年期喪偶

　　喪偶係指婚配生涯中所娶（嫁）的對象死亡，通常是女人的壽命比男人長，故女人守寡的機會比男人多。有人認為女人最好要有準備（就算是相伴到老的婚姻，女人的守寡平均值也需要十年及以上，因為女人平均壽命比男人多六歲，又喜歡先生年紀比她們大）；但也有人認為根本不用準備，因為女人的支持體系本來就比較完善，因應能力也比較好，也許守寡反而是個人成長或獨立的辦法，不必完全將它看成是負面的人生事件。Silverman（1987）認為，守寡是個體生命歷程的一種變動，需要個體有良好的調適（adjustment），例如如何和自己相處、與別人相處及如何取得重新的認同感。

　　在美國社會，寡婦和鰥夫的比率約為4：1，而臺灣的資料約為3：1（參見**表一**）。女性老年人保持寡婦較多的原因是個體出自自我抉擇不再改嫁，不似男性，男人再娶比例較多，顯示出寡婦比鰥夫較具獨立感及減輕對他人的依賴。相較之下，年老的鰥夫似乎比較脆弱，對某些人而言，失去配偶好像失去生命的中心，在沒有愛妻及他人的照顧之下，他們或許會選擇自殺。

表一　2008年臺灣老年人口婚姻現況

現況 年齡別	總計			有偶			喪偶		
	合計	男	女	合計	男	女	合計	男	女
2008年底	23,037,031	11,626,351	11,410,680	10,128,752	5,143,800	4,984,952	1,133,535	225,841	907,694
65-69歲	762,519	362,704	399,815	567,907	309,556	258,351	142,276	24,717	117,559
70-74歲	609,541	282,905	326,636	412,566	231,874	180,692	165,396	33,980	131,416
75-79歲	494,896	250,143	244,753	294,492	190,545	103,947	173,175	42,018	131,157
80-84歲	331,096	173,879	157,217	160,653	118,284	42,369	145,993	37,794	108,199
85-89歲	147,409	70,921	76,488	51,641	40,407	11,234	83,719	22,079	61,640
90-94歲	44,605	19,429	25,176	10,642	8,641	2,001	30,197	8,267	21,930
95-99歲	10,281	4,435	5,846	1,997	1,623	374	7,080	1,991	5,089
100歲以上	1,873	931	942	486	392	94	1,055	296	759

資料來源：中華民國統計資訊網（2009）。

1. 生理上：根據許多有關悲傷者的研究指出，悲傷者的疾病和死亡比率都會隨著悲傷而增加，尤其是心愛的人死亡後的六個月內。經常表現出來的症狀是虛弱，更有可能是由於憂鬱和絕望而引起悲傷者的內分泌變化而對疾病的抗拒能力減弱。老人喪偶，有時因過度悲傷，使其原有的疾病加劇或死亡。

2. 情緒上：喪偶老人在情緒上會產生憂鬱、悲傷和憂愁痛苦、罪惡感、憤怒、否認、精神的問題等方面的反應。

3. 認知上：

   (1) 不相信：尤其是死亡發生得很突然時。

   (2) 紛亂困惑：會有思緒剪不斷、理還亂，精神不集中及健忘的現象。

   (3) 全神貫注於思考死者和瀕死的過程：這是一種強迫性的思念，思念的內容通常是有關於如何再尋回失去的親人。有時候有關逝者遭受折磨或瀕死的念頭，甚或影像會突如其來的占據哀悼者的心思，揮之不去。

   (4) 用各種方式與死者在夢中相會，這樣可以使哀慟者覺得故去的親人還是活著。

4. 行為上：

   (1) 睡眠失常，如失眠和驚醒。

   (2) 食慾反常。

   (3) 恍惚、心不在焉。

   (4) 從社會人群中撤退。

   (5) 在正常的夢或夢魘中夢見死者。

   (6) 常嘆氣。

   (7) 哭泣。

(二)悲傷處理的過程

依據Kübler-Ross（1969）悲傷理論之觀點可知悲傷情形如下：

1.否認：老年人初期可能仍會否認其配偶的死亡事實，導致退化情形，並且在心理反應上拒絕承認此事實。
2.生氣憤怒：當否認的情緒逐漸降低時，老人可能會感到憤怒，認為配偶怎可讓自己孤獨留世而感到憤慨不平。
3.討價還價：老人對於配偶的死亡開始出現討價還價的情形，例如許願或禱告，祈求神明或上天能讓配偶重生。
4.沮喪：當老人理解到已無法對抗配偶死亡的事實時，而有沮喪的心態產生。
5.接受事實：老年人歷經前四階段的心理變化後，理性地接受配偶死亡的事實。

(三)喪偶老人可能的影響

1.缺乏伴侶：生活起居單調且無人照理，可能飲食起居不正常，進而影響老年人的生理功能。
2.缺乏社會角色：可能與親友的聯繫漸少，進而使得老年人的社會功能逐漸衰弱，而更加孤獨。
3.失去依靠而缺乏安全感：安全感之獲得不足，且獨自處理生活各層面的事件，當無法適應生活時進而缺乏安全感。
4.悲傷：在獨處時對於配偶死亡的生活事件，難免自憐，對於死亡的接納程度無法調整時，心理狀態亦無法獲得安定。
5.經濟層面的不安全：喪偶後，老年人可能喪失主要的經濟依賴，因此生活恐陷困境。

七、憂鬱與自殺

老人有**重度憂鬱違常**（major depressive disorder）的比率並不高，但大多數有輕度的憂鬱症狀，而且也隨年齡增加而增加其比率。其症狀包括哀傷、空虛、自我放棄、食慾改變、失去性慾和睡眠等出現問題（Gruetzner, 1988），這些症狀與疾病有關，包括心臟病、高血壓、神經違常、新陳代謝問題、癌症、性無能、風濕症等（Sunderland et al., 1988）。此外，婦女、獨居老人和低收入的因素也與憂鬱有關。

自殺更是憂鬱的結果之一，也是成年晚期及老年期重大問題之一。老人的自殺率一直在各年齡層中居高不下，而且男士又高於女士；此外，男士使用的自殺手段也較激烈，成功率也較高（Rich, Young, & Fowler, 1986）。造成老人自殺的因素很多，包括憂鬱、失落、寂寞、孤立、罹患絕症及失控感。然而憂鬱又是所有自殺之人所擁有的症狀。到底自殺是否為個人的抉擇權利之一呢？也有人主張在個人末日未來之前，可由醫生協助結束生命，如**協助自殺**（assisted suicide）或**安樂死**（euthanasia），這在現今的法律與道德規範下是不允許的，但荷蘭皇家醫療協會早在1995年已有討論病人可以尋求安樂死的權利，此議題廣受人討論，迄今贊成與反對的人皆有其主張。

關於憂鬱的治療目前是使用藥物和諮商治療並重，尤其是認知療法。社會支持體系的破碎或缺乏是導致老人憂鬱的主要因素，而訪視、問安，老人團體的成立，一來可排解老人的孤立與寂寞，二來可以引發自我照顧動機以減緩健康與失能導致的憂鬱。

🎵 第二節　老年期的發展危機

　　進入老年期的終端，老年人大多數產生了死亡的概念，他們面對死亡的恐懼到最後會逐漸克服，如果他們的個體能獲得心理的整合，他們就會相信生活是有意義的。整合感的獲得帶給他們做選擇時及實現目標時的個人尊嚴感，而不會對自己過去的失敗、錯失良機和不幸產生絕望。有了如此準備，個體隨時可接受生命終了（ready to die）來臨，並視為是人生的自然階段。

　　儘管我們瞭解死亡是必然的，但人們還是希望能獲得永生，古時秦始皇在位高權重時更是想要永生。盼望永生是有意義的，因為有希望遠比沒有希望來得好。步入高齡的老年，在接受死亡vs.不斷增強的永生思維下，產生了衝突，而老年人更是努力尋找生命的意義。

　　永生（immortality）的獲得與表現有五種方式（Lifton, 1973）：

1.生命可透過下一代和後輩延續：此種類型的永生可以擴展到祖國、組織、群體或全人類。

2.相信有來世或精神世界的存在：這也是大多數宗教傳統的概念，人在世俗生活之外的種種自然力相和諧的象徵。

3.透過創造性的成就帶給世人積極正向的影響：個體透過創造性成就和對他人的影響，獲得一種永生感，這可由老年人仍然很努力追求創造與成就感上得知。

4.在自然循環鏈中整合：塵歸塵、土歸土，死後人的軀體歸於塵土，轉化為其它能量方式。

5.經驗的超越（experiential transcendence）：此種概念獨立於宗教、教育與成就之外，它是從入迷或狂喜的瞬間所獲得的頓悟。這其中，所有的感覺匯成一股力量，在個體感覺連續的存在感。

老年人心理危機的核心過程是社會支持。社會支持使個體相信他們是被關心、愛護、尊重及重視的，以及屬於一個相互溝通和承擔義務的網路。對於老年人，社會支持對保持幸福感和促進不斷超越衰老的身體極限的可能性中，持續承擔著重要角色。而社會支持對個體幸福感有三大重點：(1)可以持續有意義的社會聯繫，從而減少孤獨感；(2)照護者提供關愛、訊息、忠告、交通和日常飲食與活動的支持；(3)減少壓力的衝擊，保護避免不良疾病的不良後果。

總之，社會支持讓老年人持續獲得永生感，此外也肯定了老年人的價值，讓老年人能對世人有積極正面的影響，並能容納他們在社會團體中，使老年人具有存在感。

第三節　結語

人類壽命的延長使得六十五歲的人至少還有二、三十年的平均餘命，所以老年人實難以定義。也有人將六十五歲之個體分為青老年、中老年及老老年。從Erikson的心理社會發展理論認為，這個階段的主要任務是統整和絕望，個體傾向回顧他們一生的功成名就。

老人家喜歡敘述過去，因為過去帶來一些成就的回憶，他們不是活在過去，而是過去在他們心中活著，回顧歷史是老人家活出生命意義的一種活動。

隨著身體老化，老人家也伴隨一些慢性疾病，其中又以關節炎和高血壓最為常見，此外老年人的新陳代謝速度減緩，營養均衡和充分運動將有助於老年時期的健康維護。老年期的身體老化並不意味著其失去心智能力，只是感覺器官的退化加上短期記憶的衰退造成其流體智力減緩，但晶體智力卻沒有太大的影響。然而，失落及憂鬱卻是老年時期要嚴肅面對的

心理課題，特別是面對個人的老化及親友的死亡。所以說來，老人癡呆和憂鬱症是老年期最常見及嚴重的心理違常行為，社會支持遂成為減緩其症狀的良劑。

　　到底老年時期應要撤離（disengagement）還是要加以活動（activity），實是見仁見智的問題，這要看個體的健康、人格、經濟狀況、能力及社會支持而定，但至少個體應維持休閒活動及社會參與。

　　家庭在老年期的社會化也提供必要的支持，尤其是與配偶、家人及親友的互動。有些老人免除父母角色，但另一角色（祖父母）也對個體帶來具體的意義。老人選擇的居住方式也影響個體的生活自理照顧和機能，長期照護乃是因應老年化趨勢所發展出來的社會政策與福利服務，其有賴於政府、民間團體和科技的能力來減緩家人對老年的照顧壓力。此外，老人被虐待、歧視以及生活在貧窮邊緣皆是老年生活適應上的危機，社會政策的制定以及去除刻板化，方能提升老人福祉。

參考書目

一、中文部分

中華民國統計資訊網（2009）。《九十七年臺灣老年人口婚姻現況》。臺北：內政部統計處。

內政部統計處（2007）。《內政部統計年報：光復後歷年簡易生命表平均餘命》。臺北：內政部統計處。

吳老德編著（2003）。《高齡社會——理論與策略》。臺北：新文京開發。

邱天助，教育部教育司主編（1990）。〈老人基本教育的理論與實際〉，《成人基本教育》。臺北：臺灣書店。

內政部社會司（2007）。老人福利服務。取自http://sowf.moi.gov.tw/04/07/07.htm

二、英文部分

Anthony, S. (1972). *The Discovery of Death in Childhood and After*. New York: Basic Books.

Azar, B. (1996/11). Some Forms of Memory Improve as People Age. APA Monitor, 27.

Charness, N. & Bosman, E. A. (1992). Age and Human factors. In F. I. M. Craik & T. A. Salthouse (Eds.), *The Handbook of Aging and Cognition* (pp. 495-551). Hillsdale, NJ: Erlbaum.

Clay, R. A. (1997/04). Helping dying patients let go of life in peace. APA Monitor, 42.

Craik, F. I. M. & Byrd, M. (1982). Aging and cognitive deficits. In F. I. M. Craik & S. E. Trehub (Eds.), *Aging and Cognitive Processes*. New York: Plenum.

Erikson, E. H. (1968). *Identity: Youth and Crisis*. New York: Norton.

Erikson, E. H. (1982). *The Life Cycle Completed*. New York: Norton.

Flanagan, J. C. (1980). Quality of life. In C. A. Bond & J. C. Rosen (Eds.), *Competence and Coping During Adulthood* (pp. 156-177). Hanover, NH: University Press of New England.

Florian, V. & Kravetz, S. (1983). Fear of personal death: Attribution structure and relation to religious belief. *Journal of Personality and Social Psychology, 44*: 600-607.

Fried-Cassorla, M. (1977). Death anxiety and disengagement. Paper presented at the annual convention of the American Psychological Association, San Francisco.

Gruetzner, H. (1988). *Alzheimer's: A Caregiver's Guide and Sourcebook*. New York: Wiley.

Horn, J. L. (1982). The theory of fluid and crystallized intelligence in relation to concepts of cognitive psychology and aging in adulthood. In. F. J. M. Cralk & S. Tiehub (Eds.), *Aging and Cognitive Processes* (pp. 237-278). New York: Plenum.

Jung, C. G. (1969). *The Structure and Dynamics of the Psyche*. Princeton, PA: Princeton University Press.

Kalish, R. A. & Reynolds, D. K. (1976). Death and ethnicity? *A Psychocultural Study*. Los Angels, CA: University of Southern California Press.

Kalish, R. A. (1985). *Death, Grief, and Caring Relationships* (2nd ed.), Pacific Grove, CA: Brooks/ Cole.

Kübler-Ross, E. (1969). *On Death and Dying*. New York: Macmillan.

Levinson, D. J., Darrow, C. N., Klein, E. B., Levinson, M. H., & McKee, B. (1978). *The Seasons of Man's Life*. New York: Knopf.

Lifton, R. J. (1973). The sense of immortality: On death and the continuity of life. *American Journal of Psychology, 33*: 3-15.

Marsiglio, W. & Donnelly, D. (1992). Sexual relations in later life: A national study of married persons. *Journal of Gerontology, 46*: 334-338.

Meyers, G. C. & Manton, K. G. (1984). Compression of mortality: Myth or reality? *Gerontologist, 24*: 346-353.

Newman, B. M. & Newman, P. R. (1999). *Development Through Life: A Psychosocial Approach* (7th ed.). Belmont, CA: Brooks Cole/ Wadsworth.

Rich, C. L., Young, D., & Fowler, R. C. (1986). San Diego suicide study. *Archives of General Psychiatry, 43*: 577-582.

Santrock, J. W. (1995). *Life-Span Development* (5th ed.), Madison, WI & Dubuque, IA: Brown & Benchmark.

Schaie, K. W. (1987). Intelligence. In G. L. Maddox (Ed.), *The Encyclopedia of Aging* (pp. 357-358). New York: Springer.

Schaie, K. W. (1994). The course of adult intellectual development. *American*

Psychologist, 49: 304-313.

Silverman, P. R. (1987). Widowhood as the next stage in the life course. In H. Z. Lopata (Ed.), *Widows: Vol. II. North America* (pp. 171-190). Durham, NC: Duke University Press.

Sunderland, T., Lawlor, B. A., Molchan, S. E., & Martinez, R. A. (1988). Depressive symptoms in the elderly: Special concerns. *Psychopharmacology Bulletin, 24*: 567-576.

Twente, E. (1965). Aging, strength and creating. *Social Work, 10*: 105-110.

U. S. Bureau of the Census (1989). Population profile of the United States, 1989. Current Population Reports (Ser. p.23 no.159). Washington, D.C.: U.S. Government Printing Office.

U. S. Census Bureau (2003). Statistical abstract of the United States. Table 105, p.83. Washington D.C.: U. S. Government Printing Office.

Wright, B. M. & Payne, R. B. (1985). Effects of aging on sex differences in psychomotor reminiscence and tracking proficiency. *Journal of Gerontology, 40*: 179-184.

Chapter **8**

老年期之社會化

■ 家庭

■ 生活

■ 退休

■ 老人居住之安排

■ 結語

　　過去社會常云：「家有一老，如有一寶。」個人常從老人身上或與其閒談中獲取許多寶貴的人生經驗與常識，所以老人在中國社會有舉足輕重之地位。然而在現代社會，年輕人常透過網路社群獲取資訊，長者的身分、地位也不同往昔能獲得尊重，加上社會快速變遷，公共基礎建設與設施亦未能顧及老人需求，導致大部分的老人常獨居家中，不願參與公共活動。除了家人、老伴之外，生活上非常需要朋友及社會的支持。

　　社會支持（social support）被定義為讓人們相信這些老人是被關心、被愛護、被尊重和被重視，以及屬於一個相互溝通和承擔義務的網絡（Cobb, 1979）。社會支持包括個體所有可能取得的社會關係聯繫網絡，它在聯繫的強度、交往的頻率上，使個體感受到這一支持系統提供幫助和關懷程度（Bergman et at., 1990），對於老年人而言，社會支持在保持個體幸福感和促進超越不斷衰老的身體極限中，提供了重要的支持角色。

　　社會支持對幸福感至少提供三種作用：(1)它可減少孤獨；(2)提供關愛、訊息、忠告、交通、飲食和日常生活的幫助，經濟支持和健康照顧；(3)減少緊張壓力的衝擊，保護個體免於疾病之不良後果。社會支持與個體之身心健康有明顯的相關（House, 1985）。社會支持的來源不是開始於老年期，它的最初起源可能來自於嬰兒期和照顧者之間的關係，之後透過其社會化逐漸擴大。在老年期，家庭成員通常是其社會支持最基本的來源，特別是個人之配偶、子女和手足；此外，宗教參與也是老年期另一社會支持來源。社會支持系統肯定老年人的價值，並引導老年人對社會其他人造成積極影響，以及提供他們在社會中有被接受的感覺，亦是老人獲得永生（immortality）的基本要素。茲將家庭、生活、退休，以及休閒社會參與等各層面之社會化支持角色，分述於後。

🎵 第一節　家庭

　　有人說空巢期是相當寂寞且孤伶伶的、空蕩蕩的，而老人常常被人遺棄，或過著孤苦無依、獨居的日子。這類傳說雖然是事實，但卻被過度渲染了。雖然高齡者較年輕人少與鄰里朋友互動，配偶及其手足是老年人重要的支持體系，而且男性比女性的社交圈小，他們只與好朋友及親戚互動。在美國，成年子女大多居住在年老父母住家的附近，而且與高齡父母保持良好及有意義的互動與交流。老年人雖然在社會支持上的廣度縮小了，但彼此的情緒互動卻更為頻繁。換言之，老年人寧願獨處，做個快樂愜意的老年人，精緻活動，也不要像年輕人一樣，常勉強自己參加一些無聊的應酬。此外，美國老人也不會因獨處而感到寂寞，他們反而會想要有多一些時間獨處，並覺得生活怡然自得。

　　個人生活與其經濟因素有關，過去家中的老人要靠家庭來承擔奉養的責任，但現代社會中，國家的責任也漸漸擴張，開始介入老年人的撫養責任。

一、與配偶的關係

　　大多數的男性老人是有伴的，但大多數的女性老人並不一定是有伴的。女人的壽命比男人長，所以寡婦也比鰥夫來得多。人說老伴，兩人相依為伴，Keating及Cole（1980）對老年夫妻相處的研究指出，42%的男性因退休而產生婚姻問題，尤其是妻子會有較悲觀的看法，此外妻子會抱怨先生退休之後依賴太太，讓她們個人的自由時間減少，並認為丈夫整日在家是種妨礙。當然，諸多因素中都或多或少與家中收入有關。

　　失去丈夫或妻子也是個體強烈的情緒壓力來源，當配偶一方先走，另一配偶將經歷一長期的哀慟，最短的時間至少也要半年，但也有人可能

面臨好幾年才會適應。事實上，守寡是老年女性的普遍現象，在美國其比例大約為5：1左右。

喪偶者中，女性較男性更能適應獨居的生活方式，但比起已婚者喪偶者有較高的死亡率，尤其是鰥夫比寡婦要來得高，其原因可能是：

1. 身體健康或有經濟能力者，通常會選擇再婚，而獨居者常是健康不佳或缺乏經濟來源。
2. 鰥夫所負責的新工作是維持生存，但寡婦的新工作仍是整理家務。
3. 家庭社會關係通常由妻子所維繫，所以鰥夫常自覺自己與社會隔離。

二、與子女的關係

在美國，年老父母與子女雖然不住在一起，但與子女的關係是穩固、親近及常互動的。他們常居住在鄰近社區，追求個體的自由與獨立，但彼此之間的情感連結（emotional bond）卻很緊密。

相互幫助、問候與影響是親情代間互動的常見模式，也是老人歡樂的泉源。女兒較兒子對父母有更頻繁的接觸，臺灣的子女受傳統孝道之影響，認為必須對父母負起照顧之責任。

三、與孫子女的關係

對大多數的老人家而言，祖父母角色的扮演是老人家庭生活的一部分。含飴弄孫的情境是祖父母的老年生活寫照。但有些老年人對孫子女仍負有養育照顧的責任，這些情境深深影響著這類老年人的生活型態。

影響代與代之間家庭情結（family bonds）的祖父母，被形容是最有價值的祖父母（the valued grandparent），他們對家庭成員的注意與

協助，分享他們的活動與良好的人格特質，這些皆是強化因素；然而空間與距離、不同信仰與理念，過度專注事務而影響家庭間關係等等，卻是減弱家庭連結之因素（Boyd, 1969）。有價值的祖父母是要努力獲得（acquired），而不是自動（automatic）加值的。此外，祖父母的態度以及父母的角色也皆影響祖父母與孫子女之關係互動。

第二節　生活

年齡的增長除影響個體的生理功能外，也會影響個體的生活方式，如家庭居住型態、工作之身分、社經地位、活動的安排，或居住環境的安排等。老年人的活動仍以家庭為中心，但是仍有很多老年人（尤其是女性）選擇寡居、離婚或獨居之居住型態。家庭的型態具有多樣式，老年人因為解除撫養子女的角色及任務，所以正是經營婚姻的最好時機，包括培養共同的興趣，相互情感依賴及照顧，也可以增加彼此的親密關係；然而，也有人漸行漸遠，而選擇由家人或親戚照顧，更有些人則必須仰賴機構的照顧。

洪貴貞（2003）指出，六十五歲以上高齡者的生活模式可歸納為以下六種：

1.家族活動主義（familism）：以老夫婦和自己子女或親戚朋友的活動為主。

2.夥伴配偶式（couplehood）：膝下無子女的夫婦，彼此相處，相互依賴，並與其他夫婦共同參與活動。

3.以工作為軸心（world of work）：以工作為重心，閒暇時，三兩好友共同休閒。

4.以充分活力為導向（living fully）：充滿活力擁抱世界，寓娛樂於

工作。

5.獨居者（living alone）：多數是獨居，很少與外人互動。

6.持續參與者（maintain involvement）：大部分獨居，但仍繼續保持與他人互動，參與活動，持續活躍的生活。

有關老年夫婦婚姻滿意度的一項研究（Miller, 1976; Orthner, 1975）指出，老年夫婦到了空巢期，婚姻滿意度上升，理由可能是因為養兒育女的責任解除，不像在年輕世代，因為加入父母角色，致影響婚姻滿意度。因此，個體之婚姻滿意度會隨年齡增長而呈現V字的形狀；換言之，個體的婚姻滿意度會隨年齡增長先呈現下降，到了空巢期再上升。當然，除了養兒育女責任解除，婚姻滿意度還會與個體之教育水準、社會地位有關（Atchley & Miller, 1983）。此外，再婚者的滿意度也比較高，通常這些人身體比較健康，活動力較好，有伴侶者比寡居者覺得生活更滿意。

老年期時子女大多數皆已長大成人，他們之間因為生活在不同世代（cohorts），年長的父母可能歷經貧窮與戰爭禍亂，而年輕世代的子女則因生活條件較優，各自的壓力來源也不同，故彼此間存有代溝（generation gap）。成年子女常被稱為三明治世代（sandwich generation），尤其是婦女，又要照顧年幼子女，更要因應父母的老化，有些婦女還要因應工作，上述這些角色所累加的負擔，帶給他們不同程度的生活壓力。誠如上述，老人的照顧不是個體或家庭所能負擔的，是而社會與國家須提供必要的支持，以因應老年化世代的來臨。

在老年時期，愛情對成功的婚姻仍具有舉足輕重的地位，配偶也比較會坦誠分享彼此的感覺、相互尊重以及擁有共同的樂趣。年齡較高者比年齡較輕的老年人更覺得婚姻不快樂，尤其是女性老年人；同時，已婚的老人比鰥寡、離婚的老年人更加快樂，特別是身體健康的老人。配偶死亡會帶給另一方重大創傷，尤其彼此關係愈緊密，失落感也愈大，而且也容易發生自殺事件。大部分的老年人不願意與子女同住，少數與子女同住者

大多是老年女性或是喪偶者（Santrock, 2004）。健康老人與家人關係緊密，而且也常與家人互動，他們也傾向住在成年子女的附近，並且依賴子女提供不同方式的協助。

　　老年人的養兒育女責任免除之後，隨之而來，可能提升為祖父母的角色。有些人認為身為祖父母的角色比當父母的角色來得輕鬆，即使與孫子接觸不多，但身為祖父母的角色，賦予老年人生命有重大意義（Wood & Robertson, 1978），包括成為兩代之間的延續者，有時用傾聽與協助，可以敘述過去家族的歷史，讓身為祖父母的長者扮演具有彈性的互補性角色（Hagestad, 1985）。

　　Neugarten及Weinstein（1964）研究指出，美國社會中的祖父母扮演了下列五種角色型態：

1. 尋找樂趣（fun seeker）：老年人是孫子女的玩伴，彼此可從互動中找到樂趣。
2. 疏離形象（deviant figure）：祖父母只有在特定日子會與孫子女會面，平時不相往來。
3. 代理父母（surrogate parent）：此類型祖父母要照顧孫子女，可能為隔代教養家庭，通常其子女是雙生涯家庭或單親家庭。
4. 正規形象（formal figure）：祖父母只給予孫子女特定協助，認為養育孫子女是其子女的責任與義務。
5. 家庭智庫者（reservoir of family wisdom）：祖父母擁有權威的角色，能給予孫子女及家庭特別資源及技巧。

　　上述祖父母角色會隨家庭的情境（例如危機）及祖父母的性別而有不同，通常家庭陷入困境或危機時，祖父母則扮演家庭救火員（firefighter）或看門狗（watchdog）的角色，而且祖母比祖父可提供更多的照顧及互動。

🎵 第三節　退休

退休（retirement）是一種社會制度，將人從工作職場抽離出來，一般社會定義在六十五歲，但隨著老人化社會的來臨，現在有愈來愈晚退休（如六十七或六十八歲）的趨勢。退休雖是社會制度的產品，目的是提供更多職位給新進人員以減少企業開銷，但退休之人仍享有過去服務年限所累積的儲蓄或收入，現今也有保險或年金制度以備退休之老年人的生活所需，目前社會約有80%的男性及90%的女性年過六十五歲不再工作。有些人把退休定義為人們開始接受社會保障或其他養老福利的時期，有的職業例如軍公教在中年時即可申請退休，而且也有退休年俸可以領取。然而，退休還涉及一種心理狀態——脫離工作或職業機構的感覺，以及對工作的新取向。當然，也有一些人選擇不退休，有些人在退休之前即過世了，或有一些自我僱用之人或從事創作之技能，在其晚年仍持續工作。

一、退休規劃與適應

有三種因素會影響退休的適應，包括退休的計畫、對退休的感受及收入減少的程度（Newman & Newman, 1983）。退休的準備包括願意與預定退休後可能在經濟、家庭角色、日常活動以及社會交往方面的變化，並採取某些行動引導這些變化。Ferraro（1990）提出一些可為退休之年善做規劃的項目：

1.設立個人存款帳戶。
2.擁有自己的房子。
3.瞭解退休金及社會福利事宜。
4.發展個人嗜好及休閒活動。

5.決定住所。

6.準備遺囑。

7.確信有完善醫療照顧。

8.與家人住在一起。

對退休的感受涉及一個人針對退休的解脫感和抱怨程度。對許多人而言，工作帶給日常生活的穩定，薪水可讓自己自立及被賦了社會價值。退休帶來個人收入的急遽下降，致其生活及適應受影響，危機也就隨之而來，進而影響個人的身心健康。

不可否認地，退休面臨家庭角色、日常活動、社會互動和財務來源等方面的變動，所以如何成功老化，適應能力就顯得格外重要。Atchley（1976）推出退休適應的三個階段：(1)**蜜月期**：是一個繁忙而積極的時期；(2)**失望期**：工作的意義和結構真正消失；(3)**重新定向期**：這時開始建立一個穩定的生活秩序。

退休者的人格特質也會影響退休生涯，有工作狂型（work-oriented）、自我保護型（self-protective）、主動型（autonomous），以及欣然接受關懷型（receptive-nurturant）（洪貴貞譯，2003）。工作狂型的退休者面對退休之際可能鬱卒以待，甚至有被遺棄的憤怒或恐懼感；自我保護型之退休者可能認為退休是種解脫；主動型退休者是依自己意願或生涯規劃來轉換工作；欣然接受關懷型之退休者覺得退休是個人生命責任的終點，其退休生活豐富而具人生意義。洪貴貞（2003）引用Reichard、Livson、Petersen及Frenkel-Brunswik（1962）的研究，提出五種人格類型來描述退休者的生活適應：

1.適應良好型（well-adjusted people）：接受目前的現實環境，對過去所作所為沒有懊悔，保持自然輕鬆愉快的生活態度的退休者。

2.搖椅型（rocking chair people）：欣然接受老年的到來，認為老化是

自然的過程，放心安養，滿足現狀，採取退養姿態而非積極外向行
動的退休者。

3.武裝戰鬥型（armored people）：抱著不服老，仍然全副武裝去除
老年的陰影，發展高強度生命旺盛力的退休生活方式，以維持防衛
保護系統，去除抗老焦慮感的退休者。

4.適應不良型（poor adjusters）：常抱怨退休生活、怨天尤人的退休
者。

5.自責型（self-blamers）：即自我譴責型，自貶身價、自怨自艾的退
休者。

一個人對退休的適應與健康、經濟地位、需求滿足、個人的生活
史、對生命的看法及社會支持有關。退休並不是與過去一刀兩斷，而是對
過去的延伸，是迎接另一階段的人生。

二、退休後的休閒活動參與

成年晚期之後，個體隨著父母的角色責任減少，會有更多的時間和
精力可以安排從事休閒活動。不同的休閒活動可滿足個體不同的心理社會
需求，Tinsley、Teaff、Colbs及Kaufman（1985）針對成年晚期的休閒活
動及其益處所做的研究即發現，不同類型的休閒活動可以滿足不同的需求
（參見**表8-1**）。

除了**表8-1**所列之休閒活動外，身體鍛鍊是近年來老年人所選擇的一
項重要活動，其益處與健康、自尊及生活樂趣有很大相關。有節奏的大肌
肉活動如步行、輕搖、做操、跑步、游泳、爬山，常有助於循環與呼吸系
統的健康。

(一)社會參與

教育部社教司表示，我國六十五歲以上老年人口在2006年11月底

表8-1 不同的休閒活動對年長者的心理益處

類別	主要益處
打牌、賓果遊戲、保齡球、跳舞等	此類休閒活動的參與可以幫助年長者拓展社交生活、交往友誼
野餐等	可體驗一些不同於以往的新事物
至賽場觀看體育節目、看電視等	此類休閒活動的參與可讓年長者暫時逃避與他人相處上的壓力,也可以尋求有共同話題者
種植家庭植物、蒐集照片、蒐集骨董與閱讀等	此類休閒活動適合偏向靜態活動的年長者,可給予怡靜及安全感
編織或針線、木匠工作與製陶等	此類休閒活動的參與,可讓年長者仍有表現及確認其價值的舞台,協助年長者找尋年輕時未竟的夢想
志願的職業活動、參加社會群體會議與參加宗教群體會議等	此類志願服務活動的參與,可適度給予年長者處理事件等智力上的刺激,協助腦力活化、自我表現,及藉由服務的參與,使老年人力能做適度的運用與貢獻

資料來源:整理修改自Tinsley, Teaff, Colbs, & Kaufman (1985).

前,已達二百二十八萬多人,占總人口比率約9.9%,預估到2026年,老年人口將達到20.6%,成為**超高齡社會**。因應臺灣已進入高齡化社會,二十年後將進入老年人口超過兩成的超高齡社會,即每五位人口中,就有一位是六十五歲以上的老人;再加上社會型態及家庭結構的急遽轉變,人口老化所衍生的各種問題,顯得相當重要,並值得加以重視。

為解決人口老化所衍生的問題暨加強對老人福利的重視,行政院分別於1998年5月及2002年6月核定辦理第一、二期「加強老人安養服務方案」,實施要項含長期照顧與家庭支持、保健與醫療照顧服務、津貼與保險、老人保護網絡體系、無障礙生活環境與住宅、社會參與、專業人力培訓、教育及宣導共八大類。

針對國內正面臨少子化與高齡化的問題,教育部研擬完成「邁入高齡社會老人教育政策白皮書」,並於2006年12月29日公布,將我國老人教育工作願景定位為:「終身學習、健康快樂、自主尊嚴、社會參與,並且建構老人教育的全民體系網絡,以正規學校教育及社會教育合力推動。」其

最重要的施行意義在於：(1)保障老人權益，提升老人心理及生理健康，促進成功老化；(2)提升老年人退休後家庭生活及社會的調適能力，減少老化速度；(3)提供老人再教育及社會參與的機會，降低老人被社會排斥與隔離的處境；(4)建立一個對老人親善與無年齡歧視的社會環境。教育部除了規劃符合老人需求的終身學習教育方向，也將老化知識納入九年一貫國教課程議題教學，並希望各級學校安排「祖孫週」、「老化體驗日」等教學活動，讓不同年齡的孩子瞭解老化的意義，學習關心老人。

由這些政策之發展面向來看，我們可以清晰地發現，在老化的議題上，不論是從福利或是教育的角度來看，「社會參與」是對老化具有實質意義的重要對策。現今社會必須要面對的課題，也就是將這些為數愈來愈多的老年人口，放入社會的運作體系中，善加利用他們的能力。

(二)老人社會參與的重要性

醫療科技的進步、生活品質的大幅改善，使得人們平均餘命提高、生命週期延長，讓社會上存在著更多的老年人，連著帶動影響老人的社會地位。對於現今的老年人口，我們應該要跳脫老年人是屬於需要被照顧的觀念，擺脫以往將老年人視為**無角色的角色**（roleless role）之看法，重新對老年人的生活與社會資源做一番檢視。

以經濟層面來看，後工業化社會的改變、科技的進步，老年人大都排斥新穎事物，也無力跟進，對老年人的人力資源需求相形降低，逐漸形成一定比例的依賴人口（張怡，2003）。2005年主計處的調查中，六十五歲以上老人會使用電腦者僅6.67%。因為e化資訊科技的社會所造成的變動，原先的年輕人和老年人以經驗傳承的交流方式轉變，形成不同世代的疏離，在諸多因素下，屬於老年人自己族群的社會參與的重要性更加鮮明。

(三)老人社會參與的界定

從張怡（2003）在〈影響老人社會參與之相關因素探討〉報告中，對於社會參與的界定如下（參見**表8-2**）：

1. 在定義上：老人透過參與社會的機會和權利的擁有，以一個動態的概念和行動，有組織的投入社會上各類型的活動形式。
2. 在類型上：區分有酬勞形式的人力資源運用及無酬勞性質的社區參與。其中，社區參與包括文康休閒、志願服務、宗教活動及政治參與。

黃富順等學者（2006）認為成人社會參與之基本概念，乃指成熟的個體對於公共事務在認知、態度、意見表達，以及實際參與行動等不同層面之表現。並分成下列四種形式：(1)透過社區鄰里事務的意見表達與決策；(2)透過非營利組織的活動；(3)透過宗教團體；(4)透過政黨參與。對公共事務靜態的關心到實際行動，都可說是成人對社會事務的涉入。

(四)老人社會參與的需求

Moody在1976年將老人教育的發展分為四個層級階段：拒絕與忽視、

表8-2 國內學者對社會參與的範疇界定

作者	名稱	內容
黃國彥、詹火生	老人社會參與	一為有酬的工作，二為無酬的志願服務工作
李瑞金	老人社會參與	可自志願服務工作和文康休閒活動進行探討
林珠茹	老人社區參與	是一個動態的概念和行動，運用有組織的行動投入社區活動。因社區類型之不同而各有獨特的形式、內涵和目標
曾中明	社會參與	認為社會參與的層面很廣，包括政治、經濟、文化、社會及教育等公共事務，並將之分成五種類型：休閒活動、宗教活動、志願服務、進修研習與政治參與

資料來源：張怡（2003）。

社會服務、社會參與、自我實現等。以我國目前狀況而言，老人教育主要處於社會服務的型態，而包含社會參與的部分（顏蒨榕，2002）。老人教育的目標必須針對老人的需要，並配合老年期的發展任務，在健康維護、心理調適、經濟管理、社會關係的調整、休閒生活的知能、第二生涯發展、生命意義的發現與重建等諸多方面給予協助，使老人有效解決生活中的問題，在人生的最後階段中，尋求整全生命的永恆意義（邱天助，1990）。

　　社會參與是老人教育的層級階段，而老人教育目標之實踐，必須針對老人的需要。McCluskyu依據發展觀點提出老年人特殊需求的論述，用來描繪老人社會參與型態、參與內涵，以社會參與方式來回應老人需求，以增進老人社會參與發展之周延性。

　　表8-3列出老年人需求的類型、內容、社會參與型態及其內涵。說明了對於老人而言，要提升或維持身體機能與生活品質，參與定期的、適度的體力活動是相當重要的（吳老德編著，2003）。

　　總之，對於老人而言，要提升或維持身體機能與生活品質，參與定期的、適度的體力活動是相當重要的。與社會中其他年齡層一樣，老年人也有相同的一些需求。要滿足這些需求，主要的差異是如何滿足並提供何種類型的服務。老年人社會參與的選擇，可能因個人的不同經驗、教育程度、生活環境、健康情況、知識、技能與個人需求所決定，如某位老人的休閒，可能是另一個人的工作（葉肅科，2004）；因此，老人在生理、心理與社會參與等層面各有不同需求。為了滿足老人福利需求自然會產生各項福利措施與不同面向的社會參與方式，故其參與的類型與實質意含也會有差異；當然，不同境遇的老人適合採取的社會參與方式也不盡相同。隨著老人年齡的增加，老化程度不一，依賴程度可能增強，不同階段的老人福利需求與社會參與方式也應依差異性之不同進行設計。

表8-3　老年期社會參與的需求及其內涵

社會參與的需求類型	社會參與的需求內容	社會參與的型態
應付需求 coping needs	可以使個體自複雜的社會中，充分發揮需求，包括生理需求、社會互動、消費及生活等基本能力	為有酬勞性質的人力資源。2002年第二次老齡問題世界大會報告書（張怡，2003），針對老人人力資源議題明定目標，政府應為所有想要工作的老年人提供就業機會。老年人若能從事有酬勞之工作，不僅有助老年人個人經濟消費能力的提升，也較能有效的滿足個人基本需要的資源，降低依賴，提升老人尊嚴
貢獻需求 contributory needs	藉由利他慾望，充實自己、增進自我價值，並促成老人的自我統整	為一志願服務。依據「老人福利法」第二十三條規定：「老人志願以其知識、經驗貢獻於社會者，社會服務機構應予以介紹或協助，並妥善照顧。」（內政部社會司，2007），以及1991年「聯合國老人綱領」揭示，鼓勵老人從事志願服務，服務社區與擔任適合自己興趣及能力之志工，發展老人貢獻的動力，傳授自己的知識與技能。志願服務是一種美德，可以促進社會進步與提升國民生活素質。從社會交換理論來看，老人的志願服務可視為是一角色轉換。它使老年人更能體諒他人，為社會多付出些心力，也可從幫助他人當中獲得更多的快樂與成就感
表達與沉思需求 expressive and contemplative needs	個體可從活動參與中獲得內在回饋，使老年人心理獲得滿足	是一文康休閒。老年人參與休閒教育活動，保持與社會的接觸，減少社會隔離。許多中外研究均證實，老人參與休閒、文化或教育活動，可以有效促進身心之健康。這些活動，除了可以發展友誼，更可增進老年人的創造力，改變自我形象。「老人福利法」第三十四條明白規定，政府應視需要設立，並獎助私人設立各類老人福利機構；其中第四項所謂的文康機構，係以舉辦老人休閒、康樂、文藝、技藝、進修及聯誼活動為目的
影響需求 influencing needs	透過老年人累積豐富經驗的傳承，可使老年人覺得生活更具意義	是一種政治參與。依據Zastrow及Kirst-Ashman（1997）所提出的高齡化與老人服務中，最特別的部分在於老人政治勢力的興起。在美國，有許多退休組織積極聯合其他團體為老人權益發聲（張怡，2003）。國內則大多數的退休組織都傾向於休閒單位，為從事一般性質的聯誼聚會型活動。對關心的事發表言論、進行討論，可以幫助老人認清最適當的角色，發展個人或團體技巧，提供社會支持，以爭取個人或社區的共同利益，這部分是值得國內加強之處

（續）表8-3　老年期社會參與的需求及其內涵

社會參與的需求類型	社會參與的需求內容	社會參與的型態
超越需求 needs for transcendence	更深入瞭解生命之意義，超越生理限制，使得人生達致圓融的境地，進而有更高層次的領悟	為一宗教活動。「老人福利法」第二十四條規定：「有關機關、團體，應鼓勵老人參與社會、教育、宗教、學術等活動，以充實老人精神生活。」這與最近倡導的「靈性學習」，以及面對臨終的生命教育，訴求是一致的，提供智慧認識人生意義，詮釋不同之人生意義，對老人給予支持性的回顧環境，參與此類型之精神活動，在於使老人接受自己、認同生命的價值

資料來源：黃明發（2013）整理製作。

第四節　老人居住之安排

　　高齡者日常的居住空間隨著退休和旅遊活動的減少而相形重要。由於退休老人的經濟能力下降、體力不若年輕時，一旦從職場退休，居家和旅遊活動範圍也受到影響；因此，居住空間的安排是高齡者生命歷程中提升生活品質的終極目標。安養院、養生村、老人公寓、老人獨居之名詞應運而生，現今更被發展成獨特的老人福利（照護）事業，如台塑集團於林口所投資興建的長庚「養生文化村」，及西園醫院於萬華區所興建的「永越健康管理中心」等等。而年長者在生活方式、健康、興趣、日常生活自理能力、婚姻狀況和收入上的不同，皆會影響老年人對住房設計的選擇，表8-4提供一些老年人在退休家居（retirement housing）上的選擇。

　　除了上述健康老人的退休家居型態，大約也有5%的六十五歲老人居住在養護院或其他集體式之看護機構。當沒有家庭成員能幫助一個老年人管理其日常生活需要時，老年人進入養護中心（院）的機率就大為提高。許多養護中心成為長期護理養老社區（continuing-care retirement community），居住在此社區的居民在身體健康時就遷移至此社區，社區

表8-4　年長者退休住所的六種選擇類型

類別	類型	居住設計概念
第一類	退休旅館型 retirement hotel	有些老旅館因為失去了吸引力，為維持適當的使用率，有些遂轉化為老年旅館。此類旅館通常不需要多大調整，每日供給兩餐，所有的居室都是單間設計，在旅館底部另設有一個娛樂室，在中層有交誼廳、遊憩室和視聽室等
第二類	出租的養老村 rental retirement village	這類住所並非指老年人居住的鄉村俱樂部，而是一種簡易的老人公寓供給。這種養老村往往設於近郊，如潤泰集團的潤福生活新象，便設計了300戶滿租。此外，還有一個很大的中心建築，裡面設有管理辦公室、自助餐廳、圖書館、醫生診所、娛樂室、活動室和休息處；有的還會設有小型的百貨商店
第三類	極簡式公寓套房 single high-rise building	這是一種在美國許多地區快速發展的類型，由美國政府所計畫的單幢高層建築，為教堂和其他非營利性組織貸款所資助，比起其他經營業者來說，它的盈利率非常低，所有的住房是公寓套房，大樓裡則設有休息室和娛樂室
第四類	單獨式家庭住房 retirement villages	這是位於美國加利福尼亞南部的半乾燥山地——沙漠地區。絕大部分住房是單獨家庭住房，少數為有花園的公寓；除有一個購物中心外，還有許多昂貴的娛樂設施，包括高爾夫球場、游泳池和特別設計的活動建築或場地
第五類	豪華公寓型退休村 luxurious retirement villages	這是一種依四十年抵押與合資方案所建造的，位於加利福尼亞北部，是豪華型的退休公寓。此類退休村的所有住房都是公寓套房（有一至三個臥室），有醫療診所、高爾夫球場、游泳池、俱樂部，以及為藝術和工藝、娛樂、會議和授課準備的建築和場地；診所中全天有護士值班，而且有家訪護理服務；住在這裡的居民們有健康保險
第六類	生活養護所 life-care home	這是由教會主辦的老人住宅，是經美國國家社會福利部許可對個人照顧和保護的服務。要以火災、意外事故及健康保險為抵押（這裡也有附屬醫療部門，儘管目前的設計並不包括那裡的住院醫生）。提供全天飲食。其地點位於加利福尼亞南部都市的大學城。這種類型的一個有吸引力的特色是提供三種不同類型的住房：單幢住所、公寓套房和單間住房，並根據個人自我照顧能力的下降程度分別安排居住。中心建築內設有餐廳、休息室和活動室

資料來源：整理修改自Sherman (1971).

裡為老人提供住居、醫療保健和社會服務。只要住在那裡，生病或喪失能力都可以獲得照顧及護理保障（Cohen, Tell, & Wallace, 1988）。

在美國，約有一半的州為因應老年化的時代，已發展以社區為本位的長期看護計畫，由居住在社區的人員為那些患慢性疾病的老年人提供治療和社會服務，臺灣也在積極發展老年的長期照顧計畫。這些計畫目的在減輕家庭成員和親友們照顧老年人的負擔，也給喜歡留在家裡的獨居老人帶來安慰。長期照顧計畫提供老年人必要的服務，並隨個人的情況與需求而變化，因而也具有著相當的彈性與靈活性。這些計畫絕對需要政府及民間財力和科技的支持，來強化老年人的居住安排及提升高齡者的生活水準和機能。

一般老人在生活或住宅規劃方面所需的社會資源有：

1. 門診評估與衛教：有關老人的心理與生理疾病需要有門診支持，而門診等醫療體系的建立卻要花很長的時間；此外，老人往往不知道要看哪一個科別，有的慢性病還得跨科別看診，結果索性不就診，或就診了往往分不清楚何時該吃哪一種藥，乾脆不吃藥或混著亂吃，問題層出不窮，故若有醫療團隊的評估與衛教的支持，或建立好良善的家醫制度，相信對老人的心理與生活品質就能大大提升。

2. 社會參與：老人的社會參與有助其心理調適。老人因老化、退休而歸隱家中，將一個有能者角色轉化為依賴者，故鼓勵老人社會參與或接受繼續教育，能使老人的生命意義得以延續。內政部在全省各地開辦老人關懷據點，便是在鼓勵老人走出家門，多一些社會參與。

3. 家庭情緒支持：有些老人需要家庭照顧，在現今社會中，照護的責任往往落到女兒或媳婦的身上，也由於缺乏照護知識與技巧，再加上個人工作與職務或經濟上的壓力所致，致照護者產生多重角色衝突，所謂久病床前無孝子，更是讓所有家人心力交瘁；故家人的情

緒支持與調適，以及社會的居家照顧服務支持網絡的支援，都有助
老人家庭的幸福感。

4. 居家照護服務：在地老化（aging in place）是政府長期照顧政策發
展之目標，主要目的為讓有照顧需求的年長者留在家庭與社區的時
間得以延長，為目前老化政策主推項目之一。居家照護服務不僅能
讓年長者能生活在所習慣的社區，也能讓主要照顧者得到喘息時
間，轉換壓力、排解情緒。

5. 老人保護：建立老人通報系統，將在家庭中有受虐待或受疏忽之個
案進行立案追蹤，以提供社會工作服務。

6. 照護機構：在過去老人不願離家，但現今有愈來愈多的老人選擇到
老人安養機構，這類年長者以家中無法提供照護服務者居多。現代
人照顧家庭的負荷往往過重，政府或私人機構宜建立照護機構，提
供有需要的家庭不同的選擇；此外，符合中低收入戶身分者更可免
費或取得入住安養機構的補助。

第五節　結語

　　工作是生活的重要因子，人一生大約有三分之二時間要工作，它提
供個體之能力感、認同感，以及組織生活、規律生活的刺激，更提供友誼
及走出戶外的生活滿意度。工作到退休是個人很大的人生轉變。當一個人
從工作職場退休，加上個體之老化，也產生其到回歸家庭及受人照顧的角
色。老年期之社會化也需要他們撤離工作職場，離開公共活動空間。社會
支持是老人個體幸福感和促進超越最重要的支持角色。老人不可能完全離
開社會群體而獨居，所以社會資源的提供與規劃是很重要的，一方面可以
提供積極的社會保護，另一方面也可提升高齡者的生活水準和機能。

參考書目

一、中文部分

中華民國統計資訊網（2009）。《九十七年臺灣老年人口婚姻現況》。臺北：內政部統計處。

內政部統計處（2007）。《光復後歷年簡易生命表平均餘命》。臺北：內政部統計處。

吳老德編著（2003）。《高齡社會——理論與策略》。臺北：新文京開發。

邱天助，教育部教育司主編（1990）。〈老人基本教育的理論與實際〉，《成人基本教育》。臺北：臺灣書店。

洪貴貞譯（2003）。《人類行為與社會環境》。臺北：洪葉。

張怡（2003）。〈影響老人社會參與之相關因素探討〉，《社區發展季刊》。103：225-233。

黃富順等（2006）。《成人發展與適應》。臺北：國立空中大學。

葉肅科（2004）。〈老人休閒、娛樂、教育與志願服務需求與趨勢〉。《2004年兩岸四地社會福利學術研討會論文集》。

顏蒨榕（2002）。《老人生死教育課程內容與教學之研究》。嘉義：南華大學生死學研究所碩士論文。

內政部社會司（2007）。老人福利服務。取自http://sowf.moi.gov.tw/04/07/07.htm

二、英文部分

Atchley, R. (1976). *The Sociology of Retirement*. New York: Halsted Press.

Atchley, R. C. & Miller, S. J. (1983). Types of elder couples. In. T. H. Brunbaker (Ed.), *Family Relationships in Later Life* (pp. 77-90). Beverly Hills, CA: Sage.

Bergman, C. S., Plomin, R., Pedersen, N. L., McClearn, G. E., & Nesselroade, J. R. (1990). Genetic and environment influences on social support: The Swedish adoption/twin study of aging. *Journal of Gerontology: Psychological Sciences, 45*: 101-106.

Boyd, R. R. (1969). The valued grandparent: A changing social role. In W. Donahue, J. L. Kombluh, & L. Power. (Eds.), *Living in a Multigenerational Family*. Ann Arbor MI:

University of Michigan Press.

Cobb, S. (1979). Social support and health through the life course. In M. W. Riley (Ed.), *Aging from Birth to Death*. Boulder, Colo: Westview.

Cohen, M. A., Tell, E. J. & Wallace, S. S. (1988). The risk factors of nursing home entry among residents of six continuing care retirement community. *Journal of Gerontology: Social Sciences, 43*: s15-s21.

Ferraro, K. F. (1990). Cohort analysis of retirement preparation, 1974-1981. *Journal of Gerontology, 45*: 521-531.

Hagestad, G, (1985). Continuity and connectedness. In V. L. Bengston & J. Robertson (Ed.), *Grandparenthood* (pp. 31-48). Beverly Hills, CA: Sage.

House, J. S. (1985). Social support. *LSA, 8*: 5-8.

Keating, N. C. & Cole, P. (1980). What do I do with him 24 hours a day? Changes in the housewife role after retirement. *Gerontologist, 20*: 84-89.

Miller, B. C. (1976). A multivariate development model of marital satisfaction. *Journal of Marriage and the Family, 38*: 643-657.

Neugarten, B. & Weinstein, R. (1964). The changing American grandparent. *Journal of Marriage and the Family, 26*: 199-204.

Newman, B. M. & Newman, P. R. (1983). *Understanding Adulthood*. New York: Holt, Rinehart & Winston.

Orthner, D. (1975). Leisure activity patterns and marital satisfaction over the marital career. *Journal of Marriage and the Family, 37*: 91-102.

Reichard, S., Livson, F., Petersen, P. G., & Frenkel-Brunswik, E. (1962). *Aging and Personality: A Study of Eighty-Seven Older Men*. New York: Wiley.

Santrock, J. W. (2004). *Life-Span Development* (7th ed.), Madison, WI & Dubuque, IA: Brown & Benchmark.

Sherman, S. R. (1971). The choice of retirement housing among the well-elderly. *Aging and Human Development, 2:* 119-120.

Tinsley, H. E., Teaff, J. D., Colbs, S. L., & Kaufman, N. (1985). A system of classifying leisure activities in terms of the psychological benefits of participation. *Journal of Gerontology, 40*: 172-178.

Wood, V. & Robertson, J. E. (1978). Friendship and kinship interaction: Differential effect on the morale of the elderly. *Journal of Marriage and the Family, 40*: 367-375.

Chapter 9

成年人之心理衛生與處遇

■ 成年期之心理行為問題與處遇

■ 老年期之心理問題與處遇

■ 結語

　　成年期正是個人發展的顛峰，也是心理發展的成熟期，此時期的個體正在為他的家庭、事業而奮鬥。成人迎合任何文化社會的規範，形成其生活風格；隨著年齡的成長與身體的變化，加上社會變遷，容易造成成年人的身心疾病和適應的問題。

第一節　成年期之心理行為問題與處遇

　　對於成年人而言，由於身心方面的變化，容易造成個人之社會問題，成人常見的心理行為問題有更年期、神經衰弱症、焦慮症和疑病症。

一、更年期

　　更年期是成年人所特有的一種心理現象，更具有性別差異，此種症狀也會帶給成年人心理之影響與衝突。對女性而言，更年前是女性停經前的一段時間。人的一生大約排四百五十至五百個卵子，但現代人經期來得早，相對上停經期也會來得早。多數女性更年期大約在四十五至五十五歲之間，在此時期，由於卵巢功能衰退、月經周期延長，經量也逐漸減少，直到完全停止。同時，更年期女性的第二性徵將逐步退化，進而出現女性更年期綜合症，分述如下（徐愫，2003）：

1. 心臟血管方面：熱潮汗、心慌氣短、胸悶不適、心律不整、高血脂、眼花頭痛等。
2. 神經精神方面：情緒常波動、性格改變、煩燥易怒、多疑、焦慮、注意力不集中、記憶力減退等。
3. 泌尿生殖方面：月經紊亂、性慾減退、尿失禁、陰道炎、乳房萎縮

等。

4.骨骼肌肉方面：骨質疏鬆、肌肉酸痛、頭疼痛、身高變矮、關節變形、易骨折等。

5.皮膚方面：皮膚乾燥、搔癢、彈性減退、失去光澤、口乾、老年斑、眼睛乾澀等。

6.消化及其它方面：噁心、打嗝、胃脹、腹脹、便祕、腹瀉等。

對男性而言，更年期約晚女性十年，雖然沒有明顯的象徵，男性也有一些更年期綜合症，分述如下（徐懍，2003）：

1.身體方面：失眠、乏力、食慾不振、骨骼肌肉疼痛、腹胖。

2.神經循環方面：心悸、恐懼不安、暈眩、耳鳴、面紅、多汗、便祕等。

3.性功能方面：衝動減少、性慾下降及功能性勃起障礙等。

4.精神方面：情緒低落、自信心下降、健忘、注意力不集中等。

雖然，更年期是一種生理象徵，但也是社會心理現象。只要能透過適當的調整和適應，或使用藥物治療加上心理治療，是可以減輕生理的不適症狀。女性的問題會比男性來得大且複雜，況且這不僅是生理因素的困擾，更伴隨心理和社會因素的困擾。這種困擾不但影響中年婦女的身心健康，嚴重者甚至會導致夫妻關係、家庭矛盾。

一方面，社會評價性別本就存在著雙重標準之困擾，在現實社會中，女性評價是身材與容顏，男性則是成就。這種雙重標準到了更年期，更會增加女性心理之困擾，而對男性而言，成就是隨年齡而累積的。換言之，中年男子如有成就，他在社會上被認為是有價值的；而女性在中年期，失去容顏，便失去個體之價值。所以，女性到了更年期其個體之價值感及生命意義正在下降，因而她們常常會表現一些異常的刺激反應，如過度打扮、對先生的疑心加重。

雖然人生不可避免會衰老，更年期更是不可避免的，那麼成年人應該要如何適應呢？

1.正視事實：人到更年期，身體變化是無可避免的，個體要盡己能、客觀實際、實事求是、量力而行。

2.知足常樂：客觀評價個體在學習、工作和事業上的成就。除了客觀的評價、知足常樂，以免造成個體因達不成的成就而造成心理負擔。

3.健康的人際關係：成年人面臨的人際關係很複雜，因此掌握個人之人際效能、善於與人相處，也可使個體能愉快的生活。

4.情緒穩定：由於成年人生活壓力很大，處於各種巨大的緊張之中會造成個體之身心症，如潰瘍。

二、神經衰弱症

神經衰弱症的主要特徵是興奮和抑制功能失調，精神活動下降，一般發生在白領階級。神經衰弱症的主要症狀是極度疲勞、工作效率低、注意力不能集中、記憶力減退。因為個體心理波動大、易激動，常常為一些微不足道的小事而做出強烈的情緒反應，而且也容易伴隨生理的不適，如疼痛、暈眩、消化不良、失眠等。

造成成年人神經衰弱的主要原因是個體過度緊張。一般說來，腦細胞的耐力比較好，但經緊張的活動後，只要有適當的休息和睡眠就可以讓細胞恢復功能。但如果成年人常處於長期強烈或持久的工作緊張狀態，腦細胞缺乏休息和恢復，就容易造成神經衰弱症。此外，**創傷症狀群**（post-traumatic disorder syndrome）所引起的持續而強烈的悲傷、憂慮、恐懼、痛苦或委屈也易造成神經衰弱症。

一般說來，對於神經衰弱症可採用下列方法來加以幫助個體調適：

1.藥物治療：在醫生的指導下，服用一些抗焦慮劑和其他協調興奮與
抑制之間平衡的藥物，可以消徐成年人的緊張、焦慮、失眠等症
狀。

2.活動治療：讓成年患者參加一些運動、娛樂或休閒的活動，以達到
調節高級神經活動的目的。有些運動，如長跑、游泳等運動不但可
以穩定成年人之情緒，改善睡眠，以減輕神經衰弱。

3.心理治療：可以透過心理輔導、治療方法，透過系統減敏法，或現
實治療方法來消除成年人不良之緊張心理因素，調整成年患者之生
活規律，以達到心理功能健康為目的。

三、焦慮症

焦慮症（anxiety disorder）是一種具有持久性焦慮、恐懼、緊張情緒
和神經活動障礙的腦功能失調，也常伴有身體不適應。焦慮症的主要特徵
是焦慮、緊張和恐慌。患者常會覺得最壞的事會發生，坐臥不安、缺乏安
全感、提心吊膽、心煩意亂，對外界事物失去興趣。嚴重時具有恐懼預
感，對外界刺激疑神疑鬼，容易呈現恐懼反應，常伴有睡眠障礙及神經不
穩定現象，如作惡夢、心悸、胸悶、胸部有壓迫感、便祕或腹瀉等。焦慮
症患者常為身體不適而焦慮不安，且常有疑病症狀並帶來情緒緊張。

由於個體擔心和易怒而影響個體的生活與工作，甚至影響個體的思
維和日常決策，而且此種症狀會在生活上重複出現。患者常有胸悶感和
窒息感，常疑心自己有心臟血管疾病；常表現心情極度緊張、恐懼、心
慌、呼吸困難、出冷汗、暈眩和飄浮感等歇斯底里症狀。

一般而言，引起焦慮症之因素主要有：

1.身體因素：有些甲狀腺亢奮症、腎上腺增生症病患可能伴有焦慮症
狀。

2.認知過程：認知過程對焦慮症之形成過程有著極重要之因子。焦慮症患者比一般人會將中性或良性刺激解釋為惡性，並傾向認為壞事將降臨，失敗在等著他，甚至低估個體對消極事件的控制能力。

焦慮症之治療方法仍以心理治療為主，活動治療及藥物治療則用來幫助成年人應付緊急事件或減緩症狀：

1.心理治療：對患者同理，輔以增強自信心，或理情治療方法以幫助患者勇敢面對現實。
2.活動治療：利用休閒運動來幫助患者分散注意力、鬆弛個體之焦慮症狀。
3.藥物療法：在指示下服用抗焦慮藥物，以便能控制焦慮。

四、疑病症

疑病症（hypochondriasis）又稱為疾病臆想症，這是一種對自己身體健康狀況過分關注、擔心或深信自己患了一種或多種身體疾病，經常訴說身體不適、反覆就醫，但經檢查後卻身體健康指數良好，究其原因多為心理疑病之作用，一般發生在四十歲以上的成年人，且女性多於男性。

疑病症主要徵候是患者常以某個部分器官、系統有某些不適，就不經證實而宣稱自己患了某種疾病，並不斷強化企圖獲得別人的同情。病人可能出現緊張、焦慮，甚至惶惶不安，反覆要求醫生進行檢查和治療，並對檢查結果的細微差異十分重視，並以這種差異證實自己疾病的存在。對於別人的解釋、勸說不體會，並認為這些勸說只是對自己的安慰。

疑病症患者受疑病觀念驅使，會到處求醫、拜神，以尋找最新診斷，並做大量不必要或重複的檢查。只要偶然出現一些陽性症狀，他們就認為已具有確實證據。

疑病症患者個性多疑、敏感、主觀、多愁善感、固執、自我中心、自憐或孤僻。因此，疑病症可能因身體疾病後不適而促發，也可能因環境改變，造成個體心理改變，如喪偶、離婚而引起，又可能由於醫務人員的言語不當所致。其類型主要包括：錯誤診斷、反覆檢查和長期不能確診而做的錯誤治療。因此，心理治療必須注意：(1)病患醫療體系，對患者病情不要易下保證或否認；此外，要告知患者對治療不要抱太高的期望；(2)不要遷就病人做了進一步檢查，應婉拒不必要的檢查；(3)在治療過程對患者訴說的新症狀要確實問診，以免延誤治療。

疑病患的心理治療是困難而費時的，只要患者願意接受心理治療，那心理治療治療是可以具有療效的；此外，必要時在醫生指示下，可以同時採用藥物治療，可解除患者所伴隨的焦慮或抑鬱。

第二節　老年期之心理問題與處遇

與一般族群相較，老人心理治療的發展較晚。心理治療可以說是一種談話治療，又稱為會談治療，主要是藉由談話的方式，幫助個體瞭解自己的心理狀態、人際關係和生活技能，以達到治療的效果（葉怡寧，2012）。以往心理分析始祖Sigmund Freud所執行的成人心理分析，若進行年代之比較，或可將Freud當時所認可的成人，視為是此一時代的老人。現代社會老人壽命延長，老人心理治療的發展與研究實有其必要性及需求性。而在個體心理學的研究上，老人時期仍以Erikson的統合vs.絕望，以及Carl Jung之偏靈性，探討生命的意義。

除了老化所帶來的生理疾病之外，舉凡感覺器官、神經系統、消化系統、泌尿系統、激素、肌肉系統等變化所帶來的心臟病、高血壓、糖尿病及器官病變外，心理功能及健康也與年齡有關（Siegler & Costa,

1985）；而高血壓與心血管疾病則與智力測驗分數有關。

有些老人具有不同形式的心理退化，例如器質性腦疾病（organic brain disorders）就有可能由中風所致。雖然這些疾病有不同的成因，但是在認知過程及行為卻有類似的變化，其特徵為：(1)智力退化影響社交和職業功能；(2)記憶損害；(3)判斷受損及思考歷程受損；(4)思考及人格退化。相關疾病如（蘇建文等，2006）：

1. 多重梗塞癡呆症（multi-infarct dementia）：大約有20%具器質性腦疾病者是多重梗塞癡呆症，這種疾病是因血管（小動脈）阻塞，而重複切斷通往腦中不同部分的血流供應所致。其癥狀有頭痛、暈眩及影響記憶。

2. 阿滋海默症（Alzhemer's disease）：阿滋海默症有四種特徵：(1)腦中的神經纖維多到纏結侵擾，尤其在皮質（cortex）及海馬迴（hippocampus）；(2)類似斑塊（plaques）在神經細胞外聚集；(3)傳遞衝動至神經原的神經纖維萎縮；(4)腦部明顯萎縮。阿滋海默症第一個徵兆是記憶力減退；再來是注意力及再認能力變差；第三是日常行為退化；最後是不能行走及說話，常感染肺炎、泌尿器官系統。

3. 譫妄（delirium）：譫妄是大腦代謝產生問題，也伴有幻覺、妄想，以及發熱、肌肉顫抖、心跳快速、流汗、瞳孔放大、血壓高等癥狀。

有關老人的心理治療大抵採用生物心理社會（biopsychosocial）模式來作評估，亦需要有跨專業的服務，如心理師、社工師、職能治療師的團隊合作。心理治療的種類有下列幾種，分述如下：

1. 支持性心理治療：在個案陷入疾病或困擾時，提供短期的諮商，使個案能恢復原本的功能。

2.認知行為治療：治療是著重協助個案瞭解和改變其認知思考的過程與行為的模式，尤其是強化扭曲的負向思考。

3.精神分析取向的心理治療：治療目標在於改變個案的人格結構，解決個人早期經驗的心理衝突，藉由對於潛意識的瞭解，改變病人的自我防衛方式。老人常見的自我防衛方式有轉移、隔離、反向、合理化、昇華作用等。

4.懷舊治療（reminiscence）：目標在協助個案緬懷過去人生中的重要事件與回憶。懷舊治療的功能不在於認知，而是對於老人憂鬱的情緒進行治療。

5.職能治療：職能治療簡言之就是復健，也是透過職能治療師「對患者生活面的全面評估」及「安排患者參與治療性的活動」，來提高患者的生活品質，協助其達成原有生活的角色功能。

第三節　結語

　　隨著年齡的成長，個體身體美貌、體力、活力會持續喪失而形成老化。老化的速率也因人而異，當個體老化時，常會出現骨質疏鬆、罹患疾病。有些疾病很明顯，有些疾病是隱而不顯（hidden disease），這些疾病對個體的生理、心理皆會帶來影響。本章介紹一些在成年期及成年早期常見的心理功能疾病，有些原因是因早化過程而來，但有些卻是心理認知與態度所致。老化過程是必然的，但個體只要常運動，不使用或不濫用物質，加上輔以心理輔導與治療，那個體之長壽及健康是可能的。

參考書目

一、中文部分

徐愫編著（2003）。《人類行為與社會環境》。北京：社會科學文獻出版社。

葉怡寧等編（2012）。《老人心理學》。臺北：華都文化。

蘇建文等著（2006）。《發展心理學》（二版）。臺北：心理。

二、英文部分

Siegler, I. C. & Costa, Jr, P. T. (1985). Health behavior relationships. In J. E. Birren & K. W. Schaie (Eds.), *Handbook of Psychology of Aging*. New York: Van Nostrand Reinhold.

Chapter 10

影響成年行為之心理社會環境因素

- 社會變遷
- 影響成年行為之心理社會因素
- 結語

　　世界上本無永恆之物，除了改變。改變，是古今中外、上下四方內萬事萬物的現象與原則。人類行為只不過是時空交會的一點，如自然萬物般，終究塵歸塵、土歸土，塵埃落地、消逝於無形，取而代之的是另一世代，而宇宙仍運行不止。

　　人類進化史本著窮則變、變則通。自然演化中使得人類祖先學會應變。自有人類史來，變遷就節節而來，社會變遷本是人類行為與社會環境的本質，而適應（adaption）更是個體變遷之行為結果。

第一節　社會變遷

社會變遷之因素可分為五類（孫武彥，2007）：

1. 工藝因素：人類文明歷史可看到從發明輪子、引擎，到現代飛機飛上天，這些皆是工藝的力量，掌握人類社會之生活型態。
2. 經濟因素：據Karl Max的觀點，人類社會基於生活物料的生產而成立。在人群中心須與他人合作，從事社會生產，因此生產和因應生產力所出現的分配，消費之各種關係的總體，成了社會的基層。但是法律、政治的關係與文化的型態，引起上層機構之變化，進而影響基層的變化。
3. 觀念因素：觀念導致個人之價值與認知之改變，此種精神因素才是社會變遷之主要導因。社會之根本乃是維繫人類之精神，社會秩序的改變則是透過人類精神的變化。社會學創始者A. Comte師承其師Saint Simon. C.的思想，認為：社會的歷史，受到人類精神的歷史所支配，在人類社會所有重要的歷史研究中，人類精神居主導地位。

4.人口因素：社會學者E. Durkheim認為，社會變遷之首要因素是人口
　因素。人口決定社會變遷之速度與方向，而人口的變化更形成文明
　與都市化。

5.技術因素：技術是社會變遷的主要動因。W. F. Ogburn認為，社會
　變遷受文化變遷之影響，技術革新與發明是主導因素。

　　綜合上述，各個因素皆可帶來社會變化，但社會變遷是錯綜複雜
的，不會由於某一單一因素而形成；相對地，它是受到許多相互關聯的
因素所造成。

　　社會變遷影響社會與文化的演進，當然也對個體產生影響。Meluin
Seeman（1959）認為，現代社會變遷共有五種主要傾向：

1.親族制度消失，個人在社會關係具孤獨性傾向。
2.傳統社會規範消失，世俗性及理性社會規範取而代之。
3.由同質社會轉至異質性社會。
4.由社會穩定轉至社會移動，造成疏離感。
5.社會組織體持續擴大。

　　上述之社會變遷分類，進而影響個人行為形態，進而造成社會化之
結果（參考**表10-1**）。

表10-1　社會變遷與行為結果

當代結構趨勢	疏離形式	行為結果
1.親族→孤獨	1.無權感	1.不關心政治
2.傳統→理性	2.無意義感	2.罷工
3.同質→異質	3.無規範感	3.群眾運動
4.穩定→移動	4.價值孤立	4.種族歧視
5.體積增力	5.社會脫離感	5.心理失常

資料來源：Seeman, M. (1959).

　　Ponsioen（1969）引用Robert K. Merton對個體之差異行為用以分析社會變遷而形成文化與社會規範之可能反應方式（見**表10-2**）。

表10-2　對變遷的反應方式

反應方式	目標	規範
遵從（conformity）	＋	＋
社會改革（social reform）	－	＋
創新（innovation）	＋	－
反叛（rebellion）	－	－
形成主義（ritualism）	○	＋
反社會行為（antisocial behavior）	○	－
冷漠（apathy）	○	○
不遵從（nonconformity）	＋	○
無政府主義（anarchism）	－	○

說明：＋代表接受；－代表拒絕；○代表無關聯。
資料來源：Ponsioen, J. A. (1969).

　　社會變遷的影響後果是有可能產生「社會解組」（social disorganization），進而形成社會問題，而社會變遷自然造成社會問題的產生，此時社會必然要形成改變。人類行為對社會變遷所付出之代價不僅在個體之行為和態度的改變，亦或是形成社會解組及社會問題，有時仍可能產生對整個地球上人類及其他生物之生存問題（如地球暖化、環保、病毒形成等）。所以，正如達爾文所言：所有生物為了生存，必然產生生物及行為的改變，所改變的正是調整個體以適應環境，這也是適者生存，不適者淘汰的自然演化，所以社會變遷乃是人類行為與社會環境之本質。

　　臺灣也在社會變遷之車輪下，產生了社會規範與行為上的改變，進而形成一些社會問題（孫武彥，2007），茲臚列如下：

1.農村人口減少，失養老人增加。
2.社會經濟遞嬗，家長責任未變。

3.外遇問題，造成家庭丕變。

4.遷臺榮民，形成家庭問題。

5.外籍配偶，引發社會問題。

6.外傭影響下一代的成長。

7.大陸新娘形成新興的社會問題。

第二節　影響成年行為之心理社會因素

一、壓力

　　現代化的社會中，帶給成人最大的影響就是壓力，舉凡生活、工作、經濟等因素，皆帶給成年人很人的衝擊。生理學家和心理學家在1980年代即著手研究壓力，所探討其對人類生活與健康之影響，所以研究壓力之學派又稱為**健康心理學**。所謂壓力（stress），就是個體面對一個其實或想像的壓力源（stressor）（即造成壓力反應之原因），其生理與行為會有種種之變化，稱為**壓力反應**。

　　加拿大學者H. Selye的研究發現，當個體暴露在急性和慢性的壓力中，隨著時間變化會產生不同的反應，其歷程稱為**適應症候群**（General Adaptation Syndrome, GAS）（Selye, 1956），一共分為三個階段（見**圖10-1**）：

1.**警覺期**（alarm）：當壓力源或威脅出現時，第一個階段稱為警覺期，此時生理方面會大量分泌可體松（cortisol），造成心跳加速、血壓升高、呼吸急促、血液集中在骨骼肌，以做出戰或逃（fight or flight response），這是生物的本能反應，可增加生存的機會。適當的壓力，會使人精神更加集中，發揮個體潛能，克服障礙與困難。

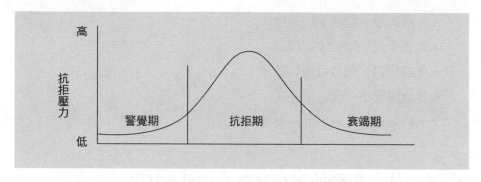

圖10-1　壓力三階段

資料來源：Selye, H. (1956).

2.抗拒期（resistance）：當壓力持續，會進入第二階段抗拒期，此時身體已經消耗一些精力，但仍會用方法來調適壓力，可以比較穩定操作，但抗拒期過長，會使個體進入第三期，也就是衰竭期。

3.衰竭期（exhaustion）：當抗拒期的能量耗盡，壓力依然存在時，個體生理無法維持功能，而造成身體長期性的傷害，如免疫系統、消化系統、心臟血管系統等，最後導致生、心理疾病產生或造成個體死亡。

　　壓力對老年人的影響則較大，如造成老人血壓收縮增加或分泌高濃度的腎上腺素。同時，壓力也會造成交感神經活化，其可體松分泌也較高（Otte et al., 2005），此種影響對老年人比對年輕人來得明顯。依社會情緒選擇理論（Socioemotional Selectivity Theory, SST），年輕人與老年人傾向選擇熟悉的環境和社交圈，如此的選擇會幫助老人減少壓力的暴露。此外，當個體隨著人生經驗、生活資源和理解能力增加，其對於壓力的適應能力也隨之增加。所以，老人面對壓力時，其衝動控制能力較年輕人好，而且情緒反應也較不激烈（Diehl et al., 1996）。

　　一般年輕人面臨的壓力源有工作、經濟及婚姻之問題，而中年人較

大的壓力源是工作與經濟，但老年人的壓力源則是身體變化、外在環境的改變、社會角色轉換及經濟能力等。長期壓力的調適對於個體生活品質息息相關，除了造成個體生理之衝擊外，也會造成心理問題，如憂鬱、焦慮及**慢性崩耗**（burnout）等反應。所以說來，成年人需要提供婚姻、親子及職涯諮詢，中年人需要第二技能培養以避免專業過時或失業的衝擊，但老年人則需要退休的準備，學習面對死亡及提供社會支持。

二、社會參與

社會參與（social participation）被定義為參與社會之機會與權利的擁有，並以一個動態的概念和行動，有組織的投入社會上各種類型的活動，如文康休閒、志願服務、宗教活動及政治參與（張怡，2003）。黃富順等（2006）認為，**成人參與**乃指成熟的個體對於公共事務在認知、態度、意見、表達，以及實際參與行動等不同層面之表現，可透過社區鄰里、非營利組織、宗教團體或政黨參與，以達到**公民社會**（civil society）。

一般年輕成人的社會參與大抵以休閒康樂為主，尤其是家庭活動。當年齡漸長，年輕成人投入社會公共事物的參與會增加，如參與志工服務、政治事務或非營利組織之活動。而個體到達中年期，當撫養孩子的任務結束之後，丈夫和妻子的關係也會產生變化。許多父母評價及回顧他們作為父母的功過，並開始尋找人生的新目標，或投入社會公益或服務之行列（Rubin, 1980）。當成年到達老年時期，隨著父母的角色責任減少，以至於有更多的時間和精力從事休閒活動，如步行、跑步、游泳、爬山等。老人參與社會可滿足其基本需求、貢獻需求、表達與沉思需求、影響他人之需求及超越生命意義之需求（吳老德，2003）。

三、社會支持

　　成年期是建立家庭及婚姻的階段，當兩人對婚姻有錯誤或不實際的期待時，婚姻問題便會產生，而婚姻的衝突可能會導致離婚或夫妻間暴力相向。調適新的婚姻關係需要良好的**自我揭露**（self-disclosure）及溝通，與彼此相互的接納。此外，夫妻的溝通模式差異，例如男性較為工具性，女性較為情感性，也會加深彼此的差異。

　　當一對夫妻決定養育孩子，他們除了面對養兒育女的經濟壓力外，還有家務之分配以及育兒的協助。除了家庭，職業也影響個人之自我認同，年輕人必須面對收入減少的問題，而婦女則要面對職場上的歧視和不公平的就業機會。中年時期的成年要面對夫妻因空巢的兩人適應調整；中年人必須面對照顧老年父母的責任。老年人要面對退休、身體老化、個人照護之問題。

　　過去有關個體的生活適應要仰賴自己或家庭及親戚等非正式系統，現代社會除了政府積極規劃各項福利措施，但對個體來說，資源的可近性（accessibility）、可用性（availability）以及對資源的認知、需求的急迫性等，皆會影響個體對社會支持的利用；此外，社會上有一些非營利組織（如基金會）會提供人類福祉的協助，這些資訊應廣為社會民眾，尤是有需求的民眾所知曉，以緩衝個人面臨生活困境的壓力需求，如經濟安全、健康維護、生活照顧、老人保護、婦女保護、社會參與、心理與社會適應之諮詢等。

第三節　結語

　　世界本無恆常之物，除了改變。在社會巨輪轉動之下，個體要面對

巨變的世界。個體如缺乏適應的能力，將會受到社會變遷之影響。個體需要一些社會組織來協助其面對生活及身體變化所引起的壓力反應；同時也需要在不同階段下，在面臨心理社會影響時，除了能增加個體之生、心理健康之外，更能積極協助個體拓展社會資源、投入社會參與，以增加個體之幸福感。

✍ 參考書目

一、中文部分

吳老德編著（2003）。《高齡社會──理論與策略》。臺北：新文京開發。

孫武彥（2007）。《人類行為與社會環境──社會心理與行為研究》。臺北：新
　　文京。

張怡（2003）。〈影響老人社會參與之相關因素探討〉，《社區發展季刊》。
　　103：225-233。

黃富順等（2006）。《成人發展與適應》。臺北：國立空中大學。

二、英文部分

Diehl, M., Coyle, N., & Labouvie-Vief, G. (1996). Age and sex differences in strategies of coping and defense across the life span. *Psychology and Aging, 11*: 127-139.

Otte, C., Hart, S., Neylan, T. C., Marmar, C. R., Yaffe, K., & Mohr, D. C. (2005). A meta-analysis of cortisol response to challenge in human aging: Importance of gender. *Psychoneuroendocrinology, 30(1)*: 80-91.

Ponsioen, J. A. (1969). *The Analysis of Social Change Reconsidered: A Sociological Study*. Paris: Mouton.

Rubin, L. B. (1980). *Worlds of Pain: Life in the Working-Class Family*. New York: Basic Books.

Seeman, M. (1959). On the meaning of alienation. *American Sociological Review, 24 (6)*: 783-791.

Selye, H. (1956). *The Stress of Life*. New York: McGraw-Hill.

心理學叢書

成人心理學

著　　者／郭靜晃

出 版 者／揚智文化事業股份有限公司

發 行 人／葉忠賢

總 編 輯／馬琦涵

主　　編／范湘渝

地　　址／222　新北市深坑區北深路三段 260 號 8 樓

電　　話／(02)8662-6826　(02)8662-6810

傳　　真／(02)2664-7633

網　　址／http://www.ycrc.com.tw

　E-mail　／service@ycrc.com.tw

印　　刷／鼎易印刷事業股份有限公司

　ISBN　／978-986-298-108-5

初版一刷／2013 年 9 月

定　　價／新臺幣 300 元

國家圖書館出版品預行編目（CIP）資料

成人心理學 / 郭靜晃著. -- 初版. -- 新北
市：揚智文化, 2013. 09
　面；　公分. --（心理學叢書）
ISBN　978-986-298-108-5（平裝）

1. 成人心理學　2.發展心理學

173.3　　　　　　　　　　102015951